BALI

LOMBOK
GILIS

INSIDER-TIPP
Deine Abkürzung ins Erleben!

Reisen mit MARCO POLO
Insider-Tipps

W0088388

MARCO POLO TOP-HIGHLIGHTS

PURA LUHUR ULUWATU ⭐1
Hoch über den Klippen thront einer der ältesten Tempel Balis. In die tosende Brandung zu seinen Füßen stürzen sich mutige Surfer

📷 *Tipp: Bester Zeitpunkt zum Fotografieren ist während des täglichen Kecak-Tanzes zum Sonnenuntergang*

➤ S. 56, Südbali

NUSA LEMBONGAN ⭐4
Auf der beschaulichen Insel erkundest du mit dem Roller versteckte Buchten, mit dem Surfbrett tolle Breaks und mit dem Boot die phantastischen Tauchspots

📷 *Tipp: Bei Flut brechen sich meterhohe Wellen an den Steilklippen – ein atemberaubendes Motiv*

➤ S. 90, Ostbali

OSTSTRAND VON GILI TRAWANGAN ⭐2
Nach einem relaxten Tag am Meer geht's abends zum Feiern an den Oststrand – mehr Party geht nicht

➤ S. 117, Gilis

GILI-MENO-WAND ⭐5
Ein Tauchspot mit bizarren Korallen, versunkenen Skulpturen, farbenprächtigen Fischen und seltenen Meeresschildkröten

➤ S. 118, Gilis

DANAU BUYAN UND DANAU-TAMBLINGAN ⭐3
An den beiden idyllischen Seen kann man herrlich durch Reisfelder und zu Wasserfällen spazieren

➤ S. 77, Zentral- & Nordbali

SEMINYAK ⭐6
Sehen und gesehen werden: Nirgends sonst auf Bali sind die Restaurants so edel, die Bars so cool, die Boutiquen so schick

➤ S. 46, Südbali

GUNUNG RINJANI

Wo sonst findet man auf einem aktiven Feuerberg einen heiligen See (Foto), gespickt mit einem weiteren kleinen Vulkan?

📷 *Tipp: Das morgendliche Wolkenmeer unter der aufgehenden Sonne mit Blick bis zum Gunung Agung auf Bali*

➤ S. 110, Lombok

UBUD 8

Im Herzen von Bali gibt's Kunst und Kultur und alle Wohltaten für Körper, Geist und Seele

➤ S. 66, Zentral- & Nordbali

SÜDKÜSTE LOMBOKS 10

Versteckte Buchten mit Traumstränden und perfekten Wellen für Surfer und solche, die es werden wollen

📷 *Tipp: Toller Panorama-Shot: der lange Strand und das blaue Meer von Tanjung Aan vom Bukit Merese aus*

➤ S. 98, Lombok

GUNUNG BATUR 9

Mitten im lebendigen Bali: eine vulkanische Einöde mit Endzeitatmosphäre

📷 *Tipp: Ein Bild vom Gipfel über der Caldera, wenn die Sonne untergeht*

➤ S. 74, Zentral- & Nordbali

INHALT

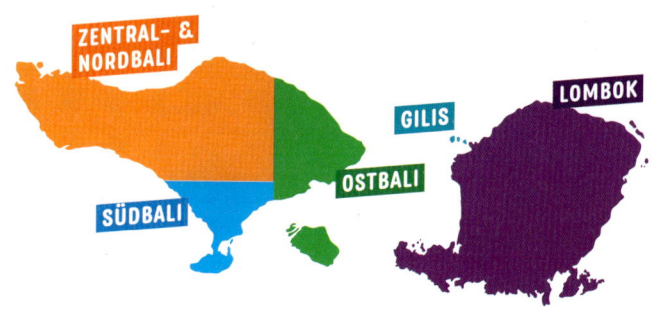

ZENTRAL- & NORDBALI
LOMBOK
GILIS
OSTBALI
SÜDBALI

Besuch planen
€ – €€€ Preiskategorien
(*) Kostenpflichtige Telefonnummer

 Essen/Trinken
 Shoppen
Ausgehen
Top-Strände

(🕮 A2) Herausnehmbare Faltkarte
(0) Außerhalb des Faltkartenausschnitts

**BESSER PLANEN
MEHR ERLEBEN!**

**Digitale Extras
go.marcopolo.de/app/bal**

DAS BESTE ZUERST

Die terrassierten Reisfelder werden ohne den Einsatz von Maschinen bestellt

BEST OF ☂

BEI REGEN

SCHÖN, AUCH WENN ES REGNET

SÜDSEEKUNST IN NUSA DUA

Im *Museum Pasifika* in Nusa Dua kommt Südsee-Feeling auf, denn hier dreht sich alles um Kunst aus dem asiatisch-pazifischen Raum. Ausgestellt sind Werke aus rund 25 verschiedenen Ländern, darunter auch solche von europäischen Malern, die in der Region gelebt haben.

➤ S. 57, Südbali

ART-HOUSE

Das *Blanco Museum* (Foto) in Ubud entführt dich in die sinnlich-schräge Welt (und gleichzeitig ins ehemalige Wohnhaus) des exzentrischen Künstlers Antonio Blanco, des „Dalí des Fernen Ostens".

➤ S. 68, Zentral- & Nordbali

GROSSES KINO

Anstatt bei Regenwetter im Hotelzimmer schlecht kopierte Piraten-DVDs vom Straßenstand anzusehen, lässt du dich einfach in die Sessel des *Beach-*

walk XXI Premiere in Kuta sinken und schaust die neuesten Holly- und Bollywood-Filme oder indonesische Streifen auf der Großleinwand.

➤ S. 45, Südbali

ERINNERUNGEN VERSILBERN

Du findest einfach nicht das passende Mitbringsel? Dann nutz das Regenwetter und sei dein eigener Schmied: Bei einem Silberschmiedkurs von *Yin Jewelry for the Soul* auf Gili Trawangan gestaltest du unter Anleitung und mithilfe versierter Schmuckmacher dein individuelles Accessoire.

➤ S. 117, Gilis

CRASHKURS

Du magst die balinesische Küche? Dann lass dir in einem Kochkurs deren Raffinessen bringen, z. B. im *Bumbu Bali* auf der Bukit-Halbinsel. Ein Rezeptheft und jede Menge Kostproben sind garantiert.

➤ S. 58, Südbali

BEST OF

LOW-BUDGET

FÜR DEN KLEINEN GELDBEUTEL

FREIE KUNST IN GALERIEN

Keine Lust auf Museum? Ohne Eintritt zu bezahlen, kannst du bei einem Streifzug durch *Ubuds Galerien* balinesische Malerei und Bildhauerkunst bewundern – dazu gibt es oft noch einen Kaffee.

➤ S. 70, Zentral- & Nordbali

SCHILDKRÖTEN AM STRAND

Das vom WWF unterstützte *Turtle Conservation and Education Center* auf Serangan ist frei zugänglich und informiert über das Rettungsprogramm für die vom Aussterben bedrohten Meeresbewohner. Spenden sind natürlich willkommen.

➤ S. 54, Südbali

AUFFÜHRUNGEN BEIM TEMPELFEST

Gamelan (Foto), Tanz und Schattenspiel gehören zu jedem Tempelgeburtstag. Anstatt Tickets für eine Touristenvorführung zu kaufen, erkundigst du dich einfach, wo das nächste *Odalan-Fest* stattfindet – Touristen sind willkommen, wenn sie sich gebührend verhalten.

➤ S. 22

KEIN TEMPELBESUCH OHNE SARONG

Trag dein eigenes Wickeltuch *(sarong),* das du auf dem Markt oder im Souvenirshop erstehen kannst, wenn du einen Tempel besuchst. So sparst du die Leihgebühr für Schärpe und Wickelrock vor Ort und hast gleich ein Souvenir.

PREISWERT RUMKOMMEN

Günstiger als die Taxikooperativen und Transportvermittler mit ihren Festpreisen sind die Privattaxis, die du über die *Grab*-App bestellst. Aber Achtung: In einigen Orten (z. B. Ubud) werden Grab-Taxis nicht geduldet und können dich daher nicht abholen.

➤ S. 134

KLETTERMAX UND KLAMMERAFFE

Ganz egal, ob Kleinkind oder Adrenalinjunkie im Teenageralter – im *Bali Treetop Adventure Park* mit sieben Schwierigkeitsgraden können sich alle wie die Affen durch die Bäume hangeln.

➤ S. 78, Zentral- & Nordbali

BLUBBERBLÄSCHEN

Bubblemaker-Kurse führen Kinder ab acht Jahren im Pool, ab zehn Jahren im offenen Meer behutsam ans Schnorcheln und Tauchen heran (Foto). Angeboten werden sie bei fast allen professionellen Tauchzentren, z. B. bei *Crystal Divers* in Sanur.

➤ S. 53, Südbali

BASTELN, TANZEN, MUSIZIEREN

Deine Kinder sind von balinesischen Musikinstrumenten, Tänzen und Tempelfesten vermutlich genauso fasziniert wie du und würden am liebsten selbst mitmachen. Wie gut, dass es Schnupperkurse gibt, in denen Kinder Gamelan und einfache Tanzschritte lernen, außerdem batiken, schnitzen oder Opfergaben anfertigen können. Das *ARMA* in Ubud z. B. führt solche Kurse durch.

➤ S. 68, Zentral- & Nordbali

KLEINE WELLENREITER

Einige Surfschulen, z. B. *Bali Green Surf,* bieten speziell Kurse für Familien und Kinder, bei denen Kids (und Eltern) erste Stehversuche auf dem Brett unternehmen können.

➤ S. 48, Südbali

AUF SAFARI

Der *Lombok Wildlife Park* ist eine tolle Möglichkeit, stattliche Vertreter der tropischen Tierwelt zu erleben. Neben den Dickhäutern werden hier Orang-Utans, Krokodile und Papageien artgerecht gehalten.

➤ S. 108, Lombok

BEST OF ⚑

TYPISCH

DAS ERLEBST DU NUR HIER

IN TRANCE GETANZT
Grantiert exotisch – und unvergesslich: bis zu hundert Männer, die sich synchron bewegen, dabei rhythmisch rufen und in Trance über glühende Kohlen laufen. Besonders eindrucksvoll sind die *Kecak*-Vorstellungen (Foto) bei Sonnenuntergang am *Pura Uluwatu*.
➤ S. 56, Südbali

SCHLEMMEN AM STRAND
Frühmorgens kannst du den *Fischern in Jimbaran* zusehen, wie sie mit ihren bunten Auslegerbooten ihren Fang an Land bringen, den du abends in einem der vielen *warungs* gleich daneben verspeist – am besten auf glühenden Kokosschalen gegrillt.
➤ S. 56, Südbali

FARBENFROHE PROZESSIONEN
Knallbunt gekleidete Frauen balancieren Früchtepyramiden auf den Köpfen, die Männer schlagen schwere Gongs: Auf Bali „lauern" Prozessionen quasi hinter jeder Ecke. Am beeindruckendsten sind die Paraden zum *Galungan-Fest*, z. B. auf Nusa Penida.
➤ S. 92, Ostbali

SCHLACHT DER REISPÄCKCHEN
Beim *Perang Topat* zu Beginn der Regenzeit bewerfen sich Hindus und muslimische Sasak im Pura Lingsar mit in Palmblätter gewickeltem Reis. Diese Reispäckchenschlacht ist ein großes Fest für alle, egal welcher Religion sie angehören.
➤ S. 104, Lombok

UNTERWASSER-SELFIE MIT MOTORRAD
Außer faszinierenden Korallenriffen kannst du am Meeresgrund auch originelle Kunstwerke und Installationen entdecken. Einige regen zum Nachdenken an, andere, z. B. das *Motorrad* vor Gili Trawangan, verführen eher zu einem Selfie.
➤ S. 117, Gilis

SO TICKEN
BALI &
LOMBOK

Ausdrucksstark: Zur Choreografie des *legong* gehört auch das Augenrollen

ENTDECKE BALI & LOMBOK

Ein bedeutendes Heiligtum Balis ist der der Seegöttin geweihte Tempel im Bratan-See

Palmengesäumte Sandstrände? Check. Traumhafte Unterwasserwelten? Gibt's. Reisterrassen und mächtige Vulkane? Unbedingt. Exotische Kultur und erschwingliche Preise? Aber hallo! Die Zutaten für einen tollen Urlaub sind auf Bali und Lombok reichlich vorhanden. Surfer, Taucher und Bergsteiger finden hier ihr Paradies, alle anderen dürfen sich auf eine fabelhafte Küche, relaxte Verwöhntage im Spa und sonnige Stunden mit Sand zwischen den Zehen freuen.

INSEL DER GÖTTER

Allen modernen Verlockungen zum Trotz: Was Bali in der Welt so einzigartig macht, ist seine unverwechselbare, überall spürbare Kultur. Dank ihr hat sich die Insel im Indischen Ozean trotz Massentourismus bis heute ihren ganz eigenen

1478
Unter dem Islam bricht das hinduistische Majapahit-Reich auf Java zusammen, der Thronfolger flüchtet nach Bali und gründet eine neue Hindudynastie

17. Jh.
Balinesen erobern Lombok

1906/08
Puputan (ritueller Massenselbstmord) balinesischer Fürstenhöfe, um nicht kolonisiert zu werden

1942–45
Japan besetzt Niederländisch-Ostindien

17. Aug. 1945
Unabhängigkeitserklärung Indonesiens

Charme bewahrt. Schon am Flughafen wirst du vom sanften Klang der Gamelanmusik und dem Duft von Nelkenzigaretten begrüßt. Auf der Fahrt ins Hotel siehst du am Straßenrand kunstvoll geflochtene Bastkörbchen mit Blumen und Reis, die die Häuser vor Dämonen schützen. Wenn morgens die Frauen ihre ersten Opfergaben darbringen, liegst du vermutlich noch in den Federn. Jede Familie – auch jedes Hotel – ehrt die Hausgötter und Dämonen mehrmals täglich mit Früchten, Reis, Blumen und Räucherstäbchen. Sie sollen die Balinesen – und ihre Gäste – vor Unheil schützen. ⚑ Festliche Prozessionen sind noch beeindruckender: Elegant gekleidete Balinesinnen balancieren zu dröhnenden Gongklängen kunstvoll aufgetürmte Gestecke aus Früchten und Blumen auf ihren Köpfen. Für die Zeremonie im Dorftempel bindet sich der Surflehrer aus Kuta ebenso den traditionellen Kopfschmuck um wie der Bankangestellte aus Denpasar.

INSEL DER TOURISTEN

Diese Rituale sind Teil des balinesischen Alltags und keineswegs nur inszeniert, doch natürlich gedeiht die hinduistische Kultur auch dank des Tourismus, von dem mehr als 80 Prozent der Balinesen leben. Tänze, Musik und Kunsthandwerk dienen nicht nur religiösen Zwecken, sondern auch der Unterhaltung und dem Gelderwerb. Seit den 1960er-Jahren fördert die Regierung diese Symbiose aus Traditionspflege und Tourismus systematisch. Heute ist Bali nicht nur die letzte hinduistische Provinz Indonesiens, des Lands mit der größten islamischen Be-

1945–48 Unabhängigkeitskrieg gegen die Niederländer

1955 Erste freie Wahlen, Sukarno wird Präsident

1965/66 Machtübernahme durch General Suharto, Beginn der diktatorischen „Neuen Ordnung"

1998 Asienkrise; nach schweren Unruhen tritt Suharto zurück

2002 und 2005 Bombenanschläge auf Bali

2018 Erdbeben auf Lombok und den Gilis mit mehr als 500 Toten

völkerungsgruppe der Welt, sondern auch ausgesprochen weltoffen. Fast jeder Balinese spricht etwas Englisch, du kommst schnell in Kontakt mit Einheimischen und bist bei den meisten Zeremonien als Zuschauer willkommen. Balis Beliebtheit bedeutet aber auch, dass du um die Begegnung mit anderen Touristen nicht herumkommst – kein Wunder bei mehr als 7 Mio. ausländischen Besuchern jährlich. Aber keine Sorge, es gibt sie noch, die idyllischen Rückzugsräume, tourifreien Dörfer und authentischen Begegnungen. Bei aller Kommerzialisierung ist es doch bewundernswert, wie harmonisch viele Balinesen ihre traditionelle Lebensweise damit in Einklang bringen.

THE GREAT OUTDOORS

Nur an wenigen Flecken der Erde trifft eine solch anmutige Lebensart auf so viel Naturschönheit. Im Süden von Bali rollt die für Surfer perfekte Brandung an malerische Steilklippen und weiße Sandstrände. Ein mächtiges Gebirge mit tiefen Schluchten und tosenden Wasserfällen erhebt sich in der Mitte der Insel, gekrönt vom 3148 m hohen Gunung Agung. Dieser Vulkan ist nicht nur heilig, sondern auch ziemlich aktiv. Aber keine Angst, bei Ausbrüchen ist nur ein kleiner Teil der Insel direkt betroffen, für die meisten Urlauber beschränkt sich das Risiko auf Einschränkungen im Flugverkehr. Auch mit kleinen Erdbeben musst du rechnen, meist ein kurzes Rütteln oder Schwanken – willkommen am Pazifischen Feuerring! Im trockenen Norden ziehen sich schwarze Lavasandstrände entlang der ruhigen Küste mit phantastischen Unterwasserwelten. Das zentrale Bergmassiv ist von großen Seen durchsetzt: Buyan, Tamblingan, Bratan und Batur. Diese speisen das Grün der Reisterrassen an den Berghängen. Das ausgeklügelte Bewässerungssystem der Bauern und die damit verbundene Sozialstruktur und Kulturlandschaft sind sogar immaterielles Unesco-Weltkulturerbe.

AUF ZU NEUEN UFERN

Wenn du Touri-Orte eher meidest, kannst du jede Menge abseitige Ziele entdecken, auch auf den beiden vorgelagerten Inseln Nusa Lembongan und Nusa Penida. Hier ist alles überschaubarer und noch nicht so stark entwickelt. Besonders Nusa Penida hat noch viel Potenzial und eine relativ schlechte Infrastruktur, was einem Aufenthalt dort etwas Abenteuerliches verleiht. Auf Balis östlicher Nachbarinsel kannst du dem ganzen Rummel noch leichter entfliehen, denn auch an die Gestade des muslimisch geprägten Lombok schwappen die Trends und Besuchermassen aus Bali nur punktuell. Die Insel ist nur in Senggigi und Kuta Lombok vom Massentourismus geprägt. Da der Rest der Insel von diesem weitgehend ignoriert wird, kannst du die Reisfeldidylle von Tetebatu in Ruhe genießen und findest im Süden menschenleere Strände. Die drei nordwestlich vorgelagerten Gilis sind dagegen Besuchermagnete par excellence: Ob Familienurlaub auf Gili Air, eine Robinsonade auf Gili Meno oder der Partytrip auf Gili Trawangan – auf den einst unbewohnten Koralleninseln kannst du alles erleben.

AUF EINEN BLICK

7.900.000
Einwohner haben Bali, Lombok und die Gilis

Indonesien: 270.000.000

40km

breit ist der
Meeresgraben
zwischen Lombok und Bali

10.500km²
Fläche

Indonesien: 1.904.569 km²

Der
GUNUNG RINJANI
auf Lombok ist mit
3.726 M

Indonesiens zweit-
höchster Vulkan

GEBURTENRATE

16,4

Deutschland: 8,5

MINDESTLOHN

2.297.968
RUPIAH (143 EURO)
PRO MONAT

Lombok:
1.825.000 Rupiah

210 TAGE

zählt das balinesische Pawukon-Jahr mit Wochenzyklen
von 1 bis 10 Tagen

14.000.000

Touristen besuchen Bali pro Jahr

BELIEBTESTE PERSON
Sukarno, der erste
indonesische Präsident

CHILI
bedeutet LOMBOK
wörtlich übersetzt

BALI & LOMBOK VERSTEHEN

SINN FÜR SCHÖNES

Viele Balinesen haben großen Sinn für Ästhetik und sind neben ihrem profanen Broterwerb in irgendeiner Form künstlerisch tätig. Der Taxifahrer spielt nach Feierabend die Gongs im Gamelan-Orchester, die Kellnerin unterweist abends junge Mädchen in den feinsinnigen klassischen Tänzen, der Surfguide füllt das Warten auf den Swell mit filigranen Holzschnitzarbeiten, und die Putzfrauen deines Hotels flechten die Opfergaben und Dekorationen für das nächste Tempelfest. Bis zu einem Drittel ihrer Zeit verwenden Balinesen auf solche traditionellen „Pflichten", die auch weltanschauliche Gründe haben mögen. Denn wo jedes Ding beseelt ist, gebietet auch der Umgang mit den Dingen Respekt, das heißt nach Möglichkeit ihre Verschönerung und Verfeinerung. Und mal ehrlich: Frangipaniblüten am Ohr sehen einfach raffiniert aus.

DIE KRAFT EINES GRASHALMS

Wie aus einem Märchen erscheinen die spektakulär geschwungenen Bambuspaläste, die das Architektenteam von *Ibuku (ibuku.com)* an verschiedenen Orten auf Bali geschaffen hat, z. B. die internationale Green School oder die private Dschungelvilla Sharma Springs. In bester Tradition übrigens, denn balinesische Handwerker errichten seit Jahrhunderten aus Bambus, einer Graspflanze mit schier unglaublicher Formbarkeit, Kunstwerke für zeremonielle Zwecke. Inzwischen ahmen Villenbesitzer und Gastronomen überall auf Bali die luftigen Bauwerke nach, wenn diese in der Regel auch mehrere Nummern kleiner ausfallen als das fünfstöckige Luxusdomizil *Bamboo Palace (short.travel/bal14)* bei Ubud. Die *Green School (greenschool.org/book-a-tour)* macht Führungen über ihren faszinierenden Ökocampus.

BALINESISCHE BEHARRLICHKEIT

Aufgrund ihrer kulturellen und wirtschaftlichen Sonderstellung als Tourismusziel wähnten sich die Balinesen lange Zeit immun gegen das, was im restlichen Indonesien vor sich ging. Sie bilden gewissermaßen auch aus sozialer Sicht eine Insel, auf der alles etwas liberaler und toleranter zugeht als im restlichen Asien. Zu tolerant nach Meinung der islamistischen Selbstmordattentäter, die 2002 und 2005 ihre Bomben vor Nachtclubs und Touristenlokalen zündeten. Doch statt den Fanatikern das Feld zu überlassen, gingen die Balinesen erst recht in die (touristische) Offensive: Die Sicherheitsmaßnahmen wurden vervielfacht, Investoren angelockt und neue Angebote geschaffen. Ökotourismus für umweltbewusste Individualreisende sowie Luxusurlaub in abgeschiedenen Villenanlagen sind seitdem nicht mehr aus Bali wegzudenken. Es ist, als hätten die sanftmütigen und stolzen Balinesen den Islamisten einfach eine (aus Geldscheinen gefaltete) Frangipaniblüte in den geladenen Lauf gesteckt.

VILLAGE PEOPLE

Auch wenn von Jimbaran bis Ubud alles wie eine große Agglomeration aussieht: Die Balinesen sind nach wie vor in dörflichen Gemeinschaften organisiert, in denen jeder bestimmte Pflichten zu erfüllen hat, aber – wenn nötig – auch Hilfe erhält. Das Zusammenleben bis hin zu sozialrechtlichen Fragen ist durch das traditionelle Gewohnheitsrecht *(adat)* geregelt. Über wichtige Belange entscheidet der *banjar,* dem alle verheirateten Männer angehören. Jeder *banjar* hat seine Versammlungshalle und seinen Dorf-tempel, oft auch einen Musikpavillon und eine Hahnenkampfarena. Den Mittelpunkt des Alltagslebens bildet der Markt, traditionell eine Domäne der Frauen. Die gewählten Anführer dieser traditionellen Dorfgemeinschaften haben auch auf Provinzebene großen Einfluss.

INSEL(N) DER GÖTTER

Bevor die Javaner den Hinduismus auf ihre Insel brachten, praktizierten die Balinesen animistische Geisterkulte und glaubten an eine beseelte Natur. Elemente davon finden sich noch heute im balinesischen Hindu-Dharma-Glauben. Demnach wohnen die Götter auf den Bergen, während im Meer die Dämonen hausen. Die

Schön schlicht sind die Tongefäße aus den Töpfereien in Banyumulek auf Lombok

Auf Bali wird das letzte Geleit als buntes, lautes Spektakel gefeiert

men: *Ida Bagus* und *Ida Ayu* heißen die am höchsten stehenden Brahmanen (Priester), *Tjokorda* oder *Anak Agung* die *Ksatria* (Krieger und Adlige). Angehörige der *Wesya*-Kaste (Händler) nennen sich *Gusti*. Diese oberen Kasten stellen auch heute noch überdurchschnittlich viele regionale Politikgrößen und genießen hohes Ansehen. 90 Prozent der Balinesen gehören zu den *Sudra* (Bauern). Diese „nummerieren" ihre Kinder: Das Erstgeborene heißt Wayan oder Putu, das zweite Kind Made oder Kadek, das dritte Nyoman oder Komang und das vierte Ketut. Beim fünften Kind wird die Zählung von vorn begonnen. Zur Unterscheidung steht bei Männern I, bei Frauen Ni vor dem Namen.

FEURIGES FINALE

Die Balinesen glauben, dass die Seele erst nach der Zerstörung ihrer körperlichen Hülle frei ist. Da das Ritual der Feuerbestattung aber viel Geld kostet, bleiben viele Tote zunächst jahrelang begraben und spuken angeblich auf dem Friedhof, bis ihre Familie das nötige Geld gespart hat, um die teure Zeremonie bezahlen zu können. Ärmere Familien tun sich oft zu Massenbestattungen zusammen. Zur Vorbereitung der Feuerbestattung *(ngaben)* werden dann riesige Verbrennungstürme mit Sarkophagen in Tiergestalt (z. B. Büffel, Löwe) gebaut und aufwendig geschmückt. Die Überreste der Verstorbenen werden darauf in einer prächtigen Prozessionen durchs Dorf getragen und spektakulär entzündet. Abschließend wird die Asche einem Fluss oder dem Meer überge-

oberste Gottheit ist Sanghyang Widhi, in der die Hauptgötter Brahma, Wishnu und Shiva gemeinsam verkörpert sind. Flüsse, Wälder und andere Orte werden von kleineren Gottheiten und Dämonen bevölkert. Während auf Bali nur zehn Prozent Muslime leben, sind auf Lombok und den Gilis 95 Prozent der Bevölkerung muslimisch. Wie in vielen Teilen des Lands mischt sich der Islam aber mit lokalen Traditionen, weshalb ein Schluck Palmschnaps vielen nicht als Sünde gilt.

ORDNUNG MUSS SEIN

Das balinesische Kastensystem ist nicht so rigide und komplex wie das indische, aber dennoch von Bedeutung. Erkennbar ist dies an den Naben. Die ganze Zeremonie ist alles andere als schweigsam und trauernd, schließlich ist es ein freudiges Ereignis, die Seele eines Angehörigen endlich freilassen zu können.

DA SCHWILLT DER KAMM

Vielerorts werden dir die glockenförmigen Körbe auffallen, in denen einzelne Hähne ihr Dasein fristen. Tatsächlich werden die Tiere von ihren Besitzern sorgfältig gepflegt und trainiert – denn es handelt sich um Kampfhähne. Schon in vorhinduistischer Zeit sollten mit dem Ritual des Hahnenkampfs böse Dämonen besänftigt werden. Seit 1982 sind Hahnenkämpfe nur noch zu „rituellen Zwecken" erlaubt, was die Balinesen aber nicht daran hindert, illegale Wettkämpfe abzuhalten. Wett-Kämpfe im buchstäblichen Sinne, denn hier hat schon manch einer Haus und Hof auf seinen Favoriten gesetzt. Zum Kampf bekommen die Vögel eine scharfe Klinge an den Fuß gebunden. Das blutige Spektakel dauert meist nur wenige Sekunden und endet mit der Flucht oder schweren Verwundung eines der Kontrahenten.

REISLUST

In ganz Indonesien ist Reis das Hauptnahrungsmittel. Für Balinesen jedoch ist Reis nicht einfach nur eine Pflanze, sondern ein Symbol für die Fruchtbarkeitsgöttin Dewi Sri, die in Schreinen auf den Feldern verehrt wird. Die Reisfelder werden mittels eines komplizierten Kanalsystems bewässert, das von der jeweiligen Bauernkooperative *(subak)* streng überwacht wird. Dieses

KLISCHEE KISTE

DUFTENDE GLIMMSTÄNGEL

Ja, Indonesien ist eines der letzten großen Raucherländer. Schon am Flughafen wirst du vom süßlichen Geruch der *Kretek*-Zigaretten begrüßt. Im 19. Jh. begann man auf Java, den Nelkentabak gegen Asthma zu inhalieren. Rauchen der Gesundheit zuliebe – das mag verstehen, wer will, doch daraus entstand eine der größten Industrien Indonesiens.

KUTA-COWBOYS

Anschluss findest du hier schnell – vor allem als allein reisende Frau. In Balis Süden, auf den Gilis oder in Kuta auf Lombok sind lässige, flirterfahrene Beachboys mit Surferattitüde nie weit. Manche lassen sich von Touristinnen als Begleiter auf Zeit aushalten, andere meinen es durchaus ernst, wieder andere sind harmlose Aufschneider.

ALLES ESO, ODER WAS?

Zur Selbstfindung nach Bali – das ist so abgedroschen, dass es wahr sein muss. Spätestens seit „Eat Pray Love" ist vor allem Ubud ein Wallfahrtsort für Esoteriker und New-Age-Anhänger. Tausende pilgern zum jährlichen Bali Spirit Festival, und die Preise sind ebenso abgehoben wie die Angebote: ekstatischer Tanz und Kirtan-Singen, Chakra-Balancing und Sound-Healing.

demokratische, naturverbundene Anbausystem wurde von der Unesco als Weltkulturerbe anerkannt. Reisanbau ist Männersache, bei der Ernte (dreimal im Jahr) hilft die gesamte Familie. Auf Bali und Lombok ziehen sich die malerischen Reisterrassen bis auf mehr als 1000 m die fruchtbaren Vulkanhänge hinauf, aber auch schmale Flusstäler hinab. Besonders fotogene Terrassenformationen findest du in Jatiluwih, Tegallalang und Tetebatu.

LET'S DANCE

Du warst nicht auf Bali, wenn du nicht wenigstens eine Tanzvorführung gesehen hast. Dürfte nicht schwierig werden, denn zu fast jedem Anlass wird getanzt – ob bei ✿ Tempelfesten *(odalan)*, Familienzeremonien oder einfach zur Unterhaltung. Einige Tänze erzählen Geschichten aus den hinduistischen Epen Ramayana oder Mahabharata, andere, wie *barong,* vom Kampf eines Fabelwesens mit der bösen Hexe Rangda. Die prachtvoll geschmückten Tänzer halten immer Kontakt mit der Erde, jedes Fingerspreizen oder Augenrollen hat eine Bedeutung. Der anmutige *legong* wird von Mädchen vor ihrer ersten Menstruation getanzt. Beim trancehaften *kecak* sitzen rund hundert Männer auf dem Boden und bewegen sich synchron, während sie „Cak-ke-cak-ke-cak" rufen; die heute populäre Version choreografierte übrigens der deutsche Maler Walter Spies 1933 für den Film „Insel der Dämonen".

HEILIGER BIMBAM

Die balinesischen Tempel, die du auf deiner Reise sehen wirst, sind keine bloßen Baudenkmäler sondern nach wie vor zentrale Stätten des religiösen und sozialen Lebens. Du solltest dich also entsprechend rücksichtsvoll verhalten (s. S. 148).

Tempel sind stets ummauerte, nach oben offene Areale. Den Eingang bildet meist ein gespaltenes Tor, das von steinernen Dämonen bewacht wird. Das Innere besteht aus drei Höfen, von denen der dritte und heiligste den Bergen zugewandt ist. Hier finden sich pagodenförmige Schreine mit bis zu elfstufigen Dächern. Jedes Dorf hat drei Tempel: Der *pura puseh* (Ursprungstempel) ist dem Schöpfergott Brahma geweiht. Der *pura desa* (Dorftempel) steht unter dem Schutz Wishnus, des Bewahrers, und ist Mittelpunkt des gesellschaftlichen Lebens. Am seltensten wird der *pura dalem* (Totentempel) aufgesucht, der Shiva, dem Gott der Zerstörung, geweiht ist.

Der wichtigste Tempel auf Bali ist der Pura Besakih am Gunung Agung. Er gehört zu den sechs heiligsten Tempeln, den *sad kahyangan,* die an bedeutenden Stellen erbaut wurden. Außer dem Pura Besakih sind dies Pura Lempuyang Luhur, Pura Goa Lawah, Pura Luhur Uluwatu, Pura Luhur Batukaru und Pura Pusering Jagat.

KNETEN, REIBEN, ZIEHEN ...

Mindestens ein Wellnesstag gehört zum Bali-Urlaub dazu, denn Wellness hat auf Bali eine lange Tradition. Schon die traditionellen Heiler in den Dörfern verstanden es, durch Massagen kleine Beschwerden zu lindern, und nicht nur am Hof der Fürsten kamen diverse Kräutertinkturen und Öle zum Einsatz. Die balinesische Massage zeichnet sich durch angenehmes Kneten und Reiben aus, stellenweise auch gezieltes Drücken und Ziehen. Es wird der ganze Körper massiert, sowohl von vorn als auch von hinten.

Für ca. 50 000 Rp. gibt es einstündige Massagen am Strand, doch lohnt es sich, mehr auszugeben, um sich in einem Spa von geschulten Masseuren behandeln zu lassen. Spas gibt es auf Bali an jeder Ecke, auf Lombok hauptsächlich in großen Hotels. Eine Auswahl findest du auf *balispaguide.com*. Viele Unterkünfte ohne eigenes Spa bestellen auch Masseurinnen, die ihr Werk dann auf einer Liege im Garten, am Strand oder im Zimmer verrichten.

BEGEGNUNG MIT DICKHÄUTERN

Touristen und Elefanten in Asien – ein heikles Thema. Der Kontakt zu Elefanten ist meist sehr kommerzialisiert und ein lukratives Geschäft. Auf Bali und Lombok gibt es zwei Orte mit Elefanten, und in beiden ist man sich der Problematik und kritischen Haltung vieler Touristen bewusst. Im *Bali Zoo* haben die Tiere große Gehege, müssen keine Kunststücke aufführen und werden allenfalls für kurze Fotosessions oder Mahout-Tageskurse gebucht; geritten wird ohne Sattel. Im *Lombok Wildlife Park* (s. S. 108) kann man die Dickhäuter füttern, baden und schrubben. Nicht frei von Kommerz und Dressur, aber doch weit entfernt vom Zirkus anderer Elefantencamps.

Jede Dorfgemeinschaft hat im Pura Besakih ihren eigenen Bereich

ESSEN
SHOPPEN
SPORT

Teuer und zu schade für den Alltagsgebrauch sind handbemalte Stoffe

ESSEN & TRINKEN

Milde Currys, feuriges Sambal, zarte Fleischspieße, knuspriges Spanferkel und raffinierte Fischgerichte – die landestypische Küche ist mal lieblich-würzig, mal höllisch scharf, dann wieder fruchtig, aber stets abwechslungsreich. Dazu gibt es Reis, was sonst? Denn wer keinen Reis gegessen hat, der kann gar nicht satt sein, meinen die Indonesier.

JENSEITS DES TELLERRANDS

Zuerst die gute Nachricht: Du kannst in gehobenen Restaurants dinieren oder für kleines Geld an der Garküche schlemmen – vor allem in Südbali und Ubud setzen die Restaurants zum kulinarischen Rundumschlag an. Auch Vegetarier, Veganer, Bio-Verfechter und Slow-Food-Enthusiasten müssen hier nicht hungern, denn die Gastronomie hat sich auf Trends aus dem Ausland bestens eingerichtet. Du kannst theoretisch einen ganzen Urlaub verbringen, ohne einmal etwas Landestypisches zwischen die Kiemen zu bekommen. Das wäre allerdings jammerschade, denn die indonesische Küche ist wirklich vorzüglich.

LÖFFLE KEINEN EINHEITSBREI!

Und jetzt die schlechte Nachricht: Viele Restaurants haben sich dem allgemeinen Touristengeschmack angepasst und servieren neben Pizza, Steak und Sushi bis zum Geschmacksverlust abgemilderte Varianten der immer gleichen Gerichte: *nasi goreng* (gebratener Reis), *mie goreng* (gebratene Nudeln), *gado-gado* (Salat mit Erdnusssauce) oder *soto ayam* (Hühnersuppe mit Zitronengras), *sate* (Fleischspießchen), *tempeh* (salziges, fermentiertes Soja), etwas *sambal* (Chilidip) und *krupuk* (Chips aus Krabbenmehl). Authentischer schmeckt's bei Garküchen und in einfachen Straßenrestaurants, die mit leckerer Haus-

Lecker: Hühnchen-Sate-Spieße mit Erdnusssauce und danach ein fruchtiger Cocktail

mannskost und fairen Preisen wett-machen, was sie an Ambiente und manchmal auch Sauberkeit vermissen lassen. Hier solltest du allerdings nur verzehren, was frisch gekocht, gebra-ten oder gegrillt ist. Merke: Wo viel los ist, ist auch das Essen gut.

ANDERE LÄNDER, ANDERE (TISCH-)SITTEN

Was zeichnet die lokale Küche denn nun aus? Zum einen ein ganz anderes Essverhalten. Der indonesische Alltag verzichtet häufig auf gemeinsame Mahlzeiten, jeder isst, wenn er Hun-ger hat. Morgens kochen die Frauen Reis und mehrere Gerichte vor. Das Essen ist daher in der Regel lauwarm bis kalt – und wird auch in einigen Lo-kalen so serviert. Bei balinesischen Zeremonien beteiligen sich auch die Männer an der Zubereitung der Spei-sen, vom Schlachten der Enten und Schweine bis zum Stampfen der Ge-

würzpasten; die Vorbereitungen dau-ern oft tagelang, das Kochen und Es-sen wird zum Gemeinschaftserlebnis. Zudem spielt Reis eine zentrale Rolle, vergleichbar mit unserem sprichwört-lichen täglichen Brot. Und tatsächlich wirst du Reis hier schon zum Früh-stück vorfinden, kannst aber meistens auch auf *banana pancake* ausweichen, wenn du es lieber süß magst.
Zum Reis gibt es eine Vielzahl kleine-rer Gerichte, die teilweise auf Bana-nenblättern angerichtet auf den Tisch oder portioniert auf deinen Teller kommen. Immerhin: Auch wenn wir im Fernen Osten sind, werden fast alle Gerichte mit Gabel und Löffel geges-sen. Richtig traditionell isst du dage-gen mit der Hand, aber denk daran, dass es nur die rechte sein darf!

GESCHMACK(S)SACHE
Gewürzpasten geben jedem Gericht seine besondere Note. Die verschiede-

DAS NACHSPIEL

Desserts sind unüblich. Es gibt aber Kuchen und Puddings aus Kokosnuss oder Klebreis, beliebt sind auch in Teig gebratene Bananen. Überhaupt die Früchte: Mangos und Papayas, rothaarige Rambutans, duftende Mangostanen und schlangenhäutige Salaks, die riesige Jackfrucht, süßsaure Sirsaks *(soursop)* und die – nach Meinung der Indonesier – Königin aller Früchte: die stachelige Durian, an deren käsigem Geruch sich die Geister scheiden – und dein Magen sich vermutlich umdreht. Dann empfiehlt sich eine junge Kokosnuss *(kelapa muda),* deren Saft als Heilmittel gilt.

Kaffee wird wie Mokka in der Tasse aufgegossen und im Normalfall stark gezuckert. Wenn du Milch orderst, solltest du dazusagen, dass du damit nicht die klebrig-süße Dosenmilch *(susu kental)* meinst. Inzwischen servieren allerdings viele Cafés und Restaurants auch Caffè Latte und Co.

ERHÖHTE DREHZAHL

Bier gibt's fast überall, empfehlenswert ist das nach deutschen und englischen Rezepten auf Bali gebraute Stark. Weinliebhaber müssen tiefer in die Tasche greifen, am günstigsten sind die auf Bali gekelterten Weine von Hatten und Two Islands. Im Gegensatz zum muslimischen Lombok gibt es auf Bali ein breites Angebot an stärkeren Geistern, vor allem *arak* (Reisschnaps). Aber nimm dich in Acht vor Selbstgebranntem! Wegen gepanschten Alkohols gab es bereits mehrere Fälle von schweren Methanolvergiftungen bei Touristen.

Sate-Spieß, Ei, Krabbenchips und Sambal gehören zu einem typischen *Nasi goreng*

nen Zutaten werden in einem Steintrog zerstampft und meist kurz angebraten. Unentbehrlich sind Ingwer, Kurkuma, Galgant und Koriander. Zitronengras, Limetten; Salamblätter und Tamarinde verleihen der Gewürzmischung Frische, Palmzucker und Kemiri-Nüsse eine gewisse Süße. Garnelenpaste und Chili geben dem Ganzen Schärfe.

Die balinesische Küche ist vergleichsweise mild, aber auf der Nachbarinsel steht dir schon mal der Mund in Flammen, wenn du z. B. Wasserspinat *(kangkung)* nach Lombok-Art bestellst. Die Insel ist nicht von ungefähr nach der scharfen Schote benannt! Zudem kommen in den dortigen Suppengerichten auch saure Geschmacksnoten zum Tragen, und natürlich verzichten die Muslime auf Schweinefleisch.

Unsere Empfehlung heute

Kickstart

GADO-GADO
Würziger Salat mit Ei, Bambussprossen
und Erdnusssauce

SATE LILIT
Gehackter Fisch mit Kokosraspeln und
Gewürzen, am Bambusspieß gegrillt

Intermezzo

PELECING KANGKUNG
Wasserspinat mit Sojasprossen und
scharfer Chili-Tomaten-Sauce

GEDANG MEKUAH
Papaya-Kokos-Curry mit Zitronengras
und Gemüseeinlage

Fleisch

BABI GULING
Mit Gewürzen gefülltes Spanferkel,
am offenen Feuer gegrillt

BALUNG NANGKA
Geschmorte Schweinerippchen mit
gekocher Jackfrucht

BEBEK BETUTU
Stundenlang in Bananenblättern
gegarte Ente

Fisch

PEPES IKAN
Im Bananenblatt gedünsteter Mix
aus Fisch und Gewürzen

SATE GURITA
Marinierter Tintenfisch,
am Spieß gegrillt

Desserts

PISANG GORENG
In Teig gebratene Bananen

BELIMBING & MARKISA
Stern- und Passionsfrucht

ES CAMPUR
Gefrorene Früchte in Kokossauce
mit Eiscreme

Flüssiges

TEH JAHE SERE
Tee aus Ingwer und Zitronengras

BINTANG
Indonesiens beliebtestes Bier

SHOPPEN & STÖBERN

Bali ist ein Einkaufsparadies. Ob modern oder klassisch – Kleidung, Kunsthandwerk und Schmuck gibt es in (fast) jeder Preisklasse. Man muss nur wissen, wo – und da liegt der Haken. Denn die großen Souvenirgeschäfte bieten überwiegend Massenware zu überteuerten Preisen, auch stammt längst nicht alles aus Bali oder Lombok. Wer dagegen in handwerklich spezialisierte Dörfer fährt, findet noch echte Schätze und hochwertige Handarbeit zu guten Preisen. Vorsicht jedoch bei Antiquitäten – wenige sind wirklich alt.

AUS ECHTEM HOLZ GESCHNITZT

Ob mythische Figuren, Masken, stilisiertes Obst oder ganze Türrahmen: Die Balinesen schnitzen beinahe alles. Große Kunstfertigkeit beweisen die Holzschnitzer im Dorf Mas bei Ubud, die unglaublich plastische Skulpturen herstellen. Auch stylische Möbel findest du südlich von Ubud; die Verschiffung übernehmen professionelle Unternehmen.

Geschnitten und gestanzt sind dagegen Schattenspielfiguren *(wayang kulit)* aus Büffelleder. Wirklich alt sind sie nur, wenn sie Abnutzungsspuren aufweisen. Dasselbe gilt für die hölzernen Stabpuppen *(wayang golek),* die meist aus Java stammen.

BLING-BLING

Bali hat eine lange Tradition der Silber- und Goldschmiede. Am bekanntesten ist das Dorf Celuk *(celuksilvervillage. com)* bei Ubud, das leider von Touristenbussen überrollt wird. Aus Lombok stammen wunderschöne champagnerfarbene Perlen, gezüchtet werden aber auch schwarz schimmernde und rosafarbene Perlen; die günstigeren stammen aus Süßwasserbecken. Für gute Qualität solltest du nicht am

Praktische Souvenirs sind Körbe und handgewebte Stoffe

Strand, sondern in richtigen Läden in Senggigi oder Mataram einkaufen.

VOM LEDER GEZOGEN

Von Kuta bis Sanur findest du erstklassige Lederboutiquen und kleine Lederwerkstätten. Stylische Taschen und Schuhe produziert *ELF (balielf.com)*, die sich auf den Onlinehandel spezialisiert haben. Stöbern und Maßanfertigungen in Auftrag geben kannst du bei *Exit (Jl. Drupadi 6 | exitleather. com)* in Seminyak.

GUT BETUCHT

Typisch für Bali und Lombok sind die *Ikat*-Webstoffe – je nach Muster kann ihre Herstellung Wochen oder Monate dauern. Lass dich nicht von den Farben täuschen – billige chemische Farben leuchten kräftig, während teure Naturfarben blass wirken. In Sidemen kannst du in häuslichen Kooperativen bei der Herstellung von *Endek*-Stoffen

zusehen und einkaufen. Lombok ist für Webstoffe mit Goldfäden bekannt, sogenannte *songket*. Auch die kaufst du am besten direkt bei den produzierenden Kooperativen in Sukarara. Klassische Batikstoffe stammen meist aus Java; gute Qualität zeigt sich am gleich stark ausgeprägten Muster auf beiden Seiten des Stoffs. Typische Web- und Färbetechniken wie Batik und *songket* nutzen die Edeldesigner Dwi Iskandar *(dwi-iskandar.com)*, Bintang Mira *(bintangmira.com)* und Quarzia *(quarzia.it)*.

INSIDER-TIPP
Tracht wird Haute Couture

GROSSE KUNST

Auf jedem Souvenirmarkt findest du Gemälde mit mehr oder weniger generischen oder einfach folkloristischen Motiven. Origineller (und teurer) sind die Werke in den Kunstgalerien von Ubud oder Seminyak.

SPORT

Auf Bali, Lombok und den Gilis hast du eine riesige Auswahl an Freizeitaktivitäten. Im Vordergrund steht natürlich das Meer mit Schnorcheln, Tauchen und Surfen. Sehr beliebt sind auch Mountainbiking, Rafting und Trekkingtouren auf die Vulkane oder zu Wasserfällen. Letzteres ist eine beliebte Variante, da du dich nach der schweißtreibenden Wanderung zumeist im kühlen Nass erfrischen kannst – was übrigens auch ein klassisches Fotomotiv abgibt, das in deinem Bali-Album nicht fehlen sollte.

MOUNTAINBIKING

Trotz des tropischen Klimas kannst du Tagestouren mit dem Rad unternehmen, es gibt jedoch keine richtigen Radwege. Einige Straßen in der Umgebung von Ubud sind aber nicht so stark befahren, sodass sie sich gut für Radausflüge eignen. Wegen der Steigungen haben manche Veranstalter auch E-Bikes im Angebot.

Touren in kleinen Gruppen organisieren von Ubud aus *Bali Eco Cycling (Tel. 0361 97 55 57 | baliecocycling.com)* und *Green Bike Tour (Tel. 0361 8 69 96 92 | greenbiketour.com)*. *Adventure Lombok (Tel. 0370 69 30 05 | adventurelombok.com)* in Senggigi bietet Tagestrips im Hinterland von Senggigi.

RAFTING

Am beliebtesten ist die etwa zweistündige Wildwasserfahrt mit dem Schlauchboot durch die *Schlucht des Ayung-Flusses* bei Ubud, etwas anspruchsvoller die Tour auf dem *Telaga-Waja-Fluss* am Gunung Agung – nasse Klamotten inbegriffen. Alle Veranstalter holen ihre Teilnehmer im Hotel ab, z. B. *Mason Adventures (Ubud | Tel. 0361 72 14 80 | masonadventures.com)* oder *Sobek Bali Utama*

(Ubud/Kuta | Tel. 0361 72 90 16 | bali sobek.com).

SEGELN

Soll's ein moderner Hochseekatamaran sein, oder möchtest du lieber auf einem traditionellen Bugis-Schoner anheuern? Zahlreiche Veranstalter haben unterschiedlichste Segeltörns im Angebot. Die Fahrten dauern von einem Tag bis zu einer Woche, meist geht es dabei von Bali aus in den Osten. Tagesausflüge führen nach Nusa Lembongan, längere Törns weiter nach Lombok, Komodo und Flores, z. B. mit *Adelaar Cruises (Jimbaran | Tel. 0812 3 80 27 42 | adelaar-cruises. com)* oder *Sea Trek (Sanur | Tel. 0361 27 06 04 | seatrekbali.com)*. Mit *Bali Hai Cruises (Denpasar | Tel. 0361 72 03 31 | balihaicruises.com)* stichst du für einen Tag in See. Klassisches, individuelles Sportsegeln in kleinen Segelbooten ist nicht sehr verbreitet, aber möglich: Du kannst ein Hobiecat bei *East Bali Surf & Sail (Sanur | Tel. 0811 39 27 91 | eastbalisurfandsail. com)* mieten und auch selbst steuern.

STAND-UP-PADDLING (SUP)

Brett und Paddel für *die* Trendsportart der letzten Jahre kannst du auf Bali an den Stränden von Sanur ausleihen und zwischen Stränden und Buchten hin und her paddeln. Falls du noch nie auf einem SUP-Board gestanden bist, bringen dir einige Verleiher auch bei, wie man sich damit fortbewegt, z. B. *Bali Stand up Paddle (Sanur | Tel. 0813 38 23 50 82 | bali-standuppaddle.org)*. In Kuta Lombok unternimmt *WhatSUP (Tel. 0878 65 97 87 01 | whatsuplom bok.com)* mit dir sogar Touren auf den SUPs.

SURFEN

Bali und Lombok sind Traumziele für Wellenreiter. An den Stränden von

Kuta bis Canggu rollt die Brandung gleichmäßig heran, was die Surfspots auch für Anfänger ideal macht. Dagegen sind die riesigen Wellen an Balis Südwestzipfel, z.B. bei Padang-Padang, Bingin und Uluwatu nur etwas für Könner.

Die Strände in Lomboks Süden gelten noch als Geheimtipp: vor allem Mawi, Gerupuk und – für absolute Cracks – Desert Point an der Südwestspitze der Insel. Surfunterricht, Brettverleih und organisierte Touren gibt es auf Bali bei *Bali Green Surf School (Seminyak | Tel. 0819 99 34 41 22 | baligreensurf.net)* oder *Padang Padang Surf Camp (Pecatu | Bukit Badung | Tel. 0819 99 28 35 49 | balisurfingcamp.com)*, auf Lombok bei *Drop In (Kuta | Tel. 0819 07 23 46 73 | dropinlombok. com)*.

TAUCHEN & SCHNORCHELN

Bekannte Tauch- und Schnorchelspots auf Bali sind Pulau Menjangan, die Buchten von Amed sowie das Schiffswrack vor Tulamben. Wegen der schwachen Strömung und geringen Tauchtiefen sind die Gilis im Nordwesten sowie die Secret Gilis im Südwesten von Lombok für Anfänger wie geschaffen. Vor Nusa Penida solltest du dagegen nur tauchen, wenn du auch in starker Strömung angstfrei und vor allem sicherheitsorientiert agieren kannst.

Deutschsprachige Kurse bieten auf Bali *Water Worxx (Padang Bai | Tel. 0363 4 12 20 | waterworxbali.com)* und *Tauch-Terminal Bali (Jimbaran/Tulamben | Tel. 0361 77 45 04 | tauch-terminal.com)*, auf Lombok und den Gilis tauchst du mit *Dream Divers (Senggigi/Gili Trawangan/Gili Air | Tel. 0370 69 37 38 | dreamdivers.com)* und *DSM Dive (Senggigi/Gili Trawangan | Tel. 0818 05 77 14 | dsmlombok.com)* ab. Schnorchelausrüstung wird an Unterkünften und Ständen am Strand verliehen. Viele Tauchveranstalter nehmen auch Schnorchler mit; eine gute Option, auch weil die Ausrüstung bei Veranstaltern besser in Schuss gehalten wird als das Equipment, das die Strandbuden verleihen.

TREKKING & WANDERN

Deine Fitness kannst du auf Lombok bei der mindestens dreitägigen Tour auf den *Gunung Rinjani* testen. Auch der *Gunung Agung* auf Bali ist kein Spaziergang. Weniger anspruchsvoll, aber ebenso beeindruckend ist die Halbtagestour auf den *Gunung Batur*. Egal, auf welchen Vulkan es dich zieht, ein Guide ist immer erforderlich, bei mehrtägigen Treks kannst du zudem Träger in Anspruch nehmen. Die Ausrüstung und Verpflegung stellen die Veranstalter, nur feste Schuhe, einen Tagesrucksack und warme Kleidung solltest du selbst mitbringen.

Touren organisieren z.B. *Bali Sunrise (Ubud | Tel. 0877 30 66 43 36 | bali sunrisetours.com)* oder auf Lombok *Rudy Trekker (Senaru/Mataram | Tel. 0818 05 48 54 80 | rudytrekker.com)*. Die Schweizer Hilfsorganisation *Zukunft für Kinder (zukunft-fuer-kinder. ch)* veranstaltet spannende Trekkingtouren im Norden des Danau Batur. Damit werden Dorfprojekte unterstützt, und man-

INSIDER-TIPP
Wandern und Gutes tun

cher Guide verdiente sich früher seinen Lebensunterhalt als Bettler. Tiefe Einblicke in die Natur und Kultur Balis ermöglichen die Touren von *JED (jed.or.id):* Die NGO engagiert Locals, die dir „ihre" Insel zeigen – individueller geht es nicht.

Wandern auf eigene Faust ist mangels beschilderter Wege eher die Ausnahme. Rund um Ubud kannst du kurze Wanderungen zwischen den Reisfeldern und kleinen Schluchten unternehmen. Auch zwischen Tenganan und Tirtagangga sowie rund um Tetebatu wandert es sich herrlich, aber auch hier solltest du dir einen Guide nehmen, wenn du dich nicht verlaufen willst.

YOGA

Bali ist einer *der* Yoga-Hotspots in Asien. In vielen Hotels gehören Yogakurse inzwischen zum festen Programm, z. B. im *Desa Seni (desaseni.com)* in Canggu oder im *Zen Resort (zenresortbali.com)* bei Lovina. Einige Yogaschulen halten ihre Classes sogar am Strand oder im Freien ab. In Ubud hat sich ein ganzer Tourismuszweig auf Yoga eingestellt und bietet mehrtägige Retreats, Kurse und Sessions in allen denkbaren Stilen und die yogatypische Ausstattung von Kopf bis Fuß. Im März/April kannst du dich dort beim *Bali Spirit Festival (balispiritfestival.com)* mit Yogis und Yoginis aus aller Welt austauschen. Auch auf Lombok und den Gilis ist die Yogawelle mittlerweile angekommen. Kurse gibt es z. B. in Kuta bei *Ashtari (ashtari.yoga),* auf Gili Air bei *H_2O Yoga (h2oyogaandmeditation.com)* oder auf Gili Trawangan bei *Soraya Yoga (sorayayoga.com).*

Es muss nicht gleich eine Vulkanbesteigung sein: Bali bietet viele schöne Wanderwege

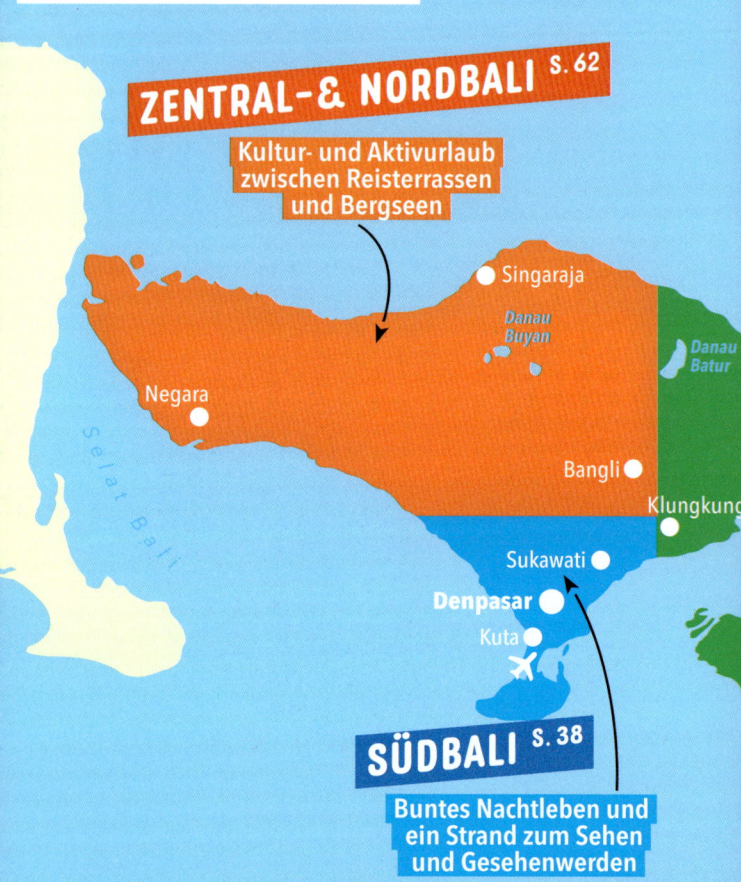

DIE REGIONEN IM ÜBERBLICK

ZENTRAL-& NORDBALI S. 62

Kultur- und Aktivurlaub zwischen Reisterrassen und Bergseen

Singaraja

Danau Buyan

Danau Batur

Negara

Bangli

Klungkung

Selat Bali

Sukawati

Denpasar

Kuta

SÜDBALI S. 38

Buntes Nachtleben und ein Strand zum Sehen und Gesehenwerden

SAMUDERA

INDONESIA

Laut Bali

OSTBALI S. 80
Alte Paläste, ursprüngliches Landleben und der raue Charme der Nusa-Inseln

LOMBOK S. 94
Traumhafte Surfstrände, stolze Sasak-Kultur und ein majestätischer Vulkan

GILIS S. 112
Inselhopping als Drei-Gänge-Menü

Tanjung

Danau Segara Anak

Mataram

Selat Lombok

Praya

Kuta

10 km
6.21 mi

SÜDBALI

STRÄNDE UND NACHTCLUBS

Nach der Ankunft am Flughafen wirst du erst mal überwältigt sein von den vielen Eindrücken, die auf dich einstürmen: Gerade eben noch im chaotischen Verkehr, findest du dich plötzlich wenige Schritte weiter in kleinen Gassen mit versteckten Gärten und Innenhöfen wieder, den süßlichen Geruch von Räucherstäbchen und Opfergaben in der Nase. Oder in einem der weitläufigen Resorts mit Strandblick, duftenden Frangipanibäumen und betörender Gamelanmusik.

Abend für Abend ein Spektakel sind die Sonnenuntergänge am Strand von Legian

Millionen ausländische Touristen im Jahr bedeuten nicht nur Devi-
sen, sondern auch jede Menge Einflüsse aus dem Rest der Welt. Am
stärksten ist dies in Kuta und Legian zu spüren, wo es den meisten
vor allem um Strand, Surfen und Partys geht. Bis hoch nach Seminyak reihen sich nahtlos Restaurants, Bars und Hotels aneinander,
wobei sich Angebot und Klientel der einzelnen Strandabschnitte
durchaus unterscheiden. Ganz unterschiedlich sind auch die Orte
auf der vom Regen nicht gerade verwöhnten Bukit-Halbinsel.

SÜDBALI

Buahan

Meliling

Antap

Tabanan **3**

Mengwi **4**

Kerambitan

2

Kediri

Kelating

27 km, 1 Std.

Tanah Lot

2 Pura Tanah Lot

SAMUDERA
INDONESIA

1 Canggu

Kerobokan

Seminyak ★
S. 46

MARCO POLO HIGHLIGHTS

★ **PANTAI KUTA**
Der quirligste und größte Strand weit und breit und die beste Adresse zum Leutebeobachten ➤ S. 45

★ **PURA LUHUR ULUWATU**
Im Tempel auf den Klippen wird abends der *kecak* getanzt ➤ S. 56

★ **SEMINYAK**
Nach dem Shoppen in trendigen Strandbars Cocktails schlürfen ➤ S. 46

★ **GARUDA WISNU KENCANA CULTURAL PARK**
Die größte Statue Indonesiens thront über der Bukit-Halbinsel ➤ S. 56

3 km, 45 Min.

Legian
S. 42

Pantai Kuta ★

Kuta
S. 42

Jimbaran

Dreamland Beach

Garuda Wisnu Kencana Cultural Park ★

Bukit-Halbinsel
S. 55

Pura Luhur Uluwatu ★

Pecatu

Sangeh

Pejeng Kaja

Taman Bali

Ubud

Pejeng

Semarapura

6 Bali Bird Park

INDONESIA

Gianyar

Blahbatuh

Sibang Gede

Bali Safari Park **7**

Sukawati

2

Batubulan

Denpasar
S. 58

Sanur
S. 51

Selat Badung

Pantai Sanur

5 Pulau Serangan

30 km, 1 ½ Std.

Tanjung Benoa

SAMUDERA
INDONESIA

Nusa Dua

4 km
2.49 mi

KUTA/LEGIAN

(🗺 H–J7) **Bevor die Hippies und Surfer in den 1960er-Jahren den kilometerlangen Sandstrand mit der ewig rollenden Brandung für sich entdeckten, war Kuta (100 000 Ew.) ein Fischerdorf mit zwischen Palmen verstreuten Häusern und ungepflasterten Wegen.**

Heute zeugen nur noch die engen Gassen um die Poppies Lane von der alten Dorfstruktur. Entlang der Strandpromenade und der *Jalan Legian,* die Kuta mit Legian verbindet, drängen sich Autos, Mopeds und Verkäufer. Hotels, Restaurants und Läden reihen sich dicht an dicht, und die Übergänge zu den Nachbarorten Tuban im Süden und Seminyak im Norden sind fließend: Alles ist zu einem urbanen Konglomerat verschmolzen, das in jeder Richtung an seine Grenzen stößt – und sich deshalb immer mehr verdichtet. Doch gerade diese pulsierende Dichte scheint Surfer und Partyfans anzuziehen, die tagsüber Strand, Sonne und Wellen genießen und abends ins Nachtleben abtauchen. Ein Denkmal an der Stelle eines zerstörten Nachtclubs in der Jl. Legian erinnert an die Opfer der Bombenanschläge von 2002 und 2005.

SIGHTSEEING

BALI SEA TURTLE SOCIETY 🐒 👀

Wenige Schritte südlich der Stelle, an der die Strandstraße Jl. Pantai Kuta ins Hinterland abknickt, erblicken in geschützten Sandkästen kleine Schildkröten das Licht der Welt. Mit etwas Glück und gegen eine kleine Spende kannst du sogar selbst eine der hier geschlüpften Babyschildkröten ins Meer freilassen. Auf ihrer Facebookseite informiert die NGO über den Bestand an Nestern und die ungefähre Schlüpfzeit. *Tgl. 16–21 Uhr | Eintritt frei | baliseaturtle.org |* 🕐 *0,5 h*

ESSEN & TRINKEN

KUALI RESTAURANT

Unter ausladenden Bäumen lässt du dir in diesem Strandrestaurant, in dem es locker zugeht, die üppigen indonesischen und westlichen Gerichte zu vernünftigen Preisen schmecken. *Tgl. | Jl. Arjuna 99 | Legian Kaja | Tel. 0361 73 02 45 | €–€€*

PEARL RESTAURANT BALI

Zu besonderen Anlässen kannst du dich hier mit gehobener französischer Küche verwöhnen lassen. Das Auge isst bekanntlich mit, daher wird auf das Anrichten der Speisen viel Wert gelegt, und auch die Weinauswahl kann sich sehen lassen. Reservieren! *Tgl. | Jl. Arjuna | Legian | Tel. 0819 34 33 40 60 | pearl-bali.com | €€€*

POSERS PUB

Die rustikale Eckkneipe und Sportsbar ist fast schon eine Institution und tischt dir deftiges Pubfood, westliche und indonesische Gerichte, Burger und Snacks zu Live-Sportübertragungen auf. Besonders amüsant, wenn Australian Football läuft und sich die anwesenden „OZs" über die ruppigsten Tackles austauschen. *Tgl. | Jl. Pad-*

Kuali Restaurant

Pearl Restaurant Bali

KUTA/LEGIAN

Jalan Nakula

Pithecanthropus

Jalan Raya Seminyak

Sunset Road

Jalan Imam Bonjol

Drop the Anchor

Posers Pub

Jalan Melasti

Jalan Dewi Sri

Jalan Raya Legian

Jalan Gelogor Carik

Pantai Kuta ★

Jalan

Pantai

Jalan Raya Kuta

Bali Beach Walk

Beachwalk XXI Premiere

Jalan

Majapahit

Kori Restaurant & Bar

Sky Garden Lounge

Sunset Road

Teluk Kuta

Kuta

Bali Sea Turtle Society

Jalan Bakungsari

Jalan Bypass Ngurah Rai

Ocean's 27

Jalan Kartika Plaza

Jalan Raya Kuta

Tukad Badung

Boshe VVIPClub

Envy

Periplus

Jalan Bypass Ngurah Rai

Jalan Kediri

800 m
875 yd

---

ma 1 | Legian | Tel. 0361 76 64 97 | *posers.business.site* | €

KORI RESTAURANT & BAR

Eine Oase der Ruhe in Kuta: Balinesische Spezialitäten und internationale, hübsch angerichtete Speisen in einem schönen Garten. Gut für einen Abend mit Stil, es gibt sogar eine Wein-, Zigarren- und Cognaclounge. *Tgl.* | *Poppies Lane II* | *Kuta* | *Tel. 0361 75 86 05* | *korirestaurant.co.id* | €€–€€€

ENVY

Gediegenes Bar- und Lounge-Restaurant, das köstliche Pasta, Steaks, Seafood und Cocktails serviert und von einem „manikürten" Rasen von der

Auf die perfekte Welle brauchen Surfer an Kutas Stränden nicht lange zu warten

Strandstraße getrennt wird. Ein kurzer Verdauungsspaziergang in Richtung Süden bringt dich von dort zum Pantai Jerman, dem „deutschen Strand", wo du den Flugzeugen bei Start und Landung zusehen kannst. *Tgl. | Jl. Wana Segara 33 | Tuban | Tel. 0361 75 25 27 | €€–€€€*

SHOPPEN

PITHECANTHROPUS

In dieser originellen Boutique findest du stylische, zeitgemäße Klamotten mit Schnitten, Farben und Prints, die von traditionellen Stoffen inspiriert sind. Wie wär's mit einem Top in Anlehnung an chinesische Cheongsams oder indonesische Batikhemden? Im Angebot sind auch klassische Sarongs und Schärpen. *Jl. Raya Legian | Legian | pithecanthropusbali.com*

BALI BEACH WALK

Schickes Einkaufszentrum direkt an der Strandpromenade mit einheimischen wie internationalen Mode- und Schmuckboutiquen, Souvenir-, Kosmetik- und Food-Outlets. *Jl. Pantai Kuta | Kuta | beachwalkbali.com*

PERIPLUS

Du brauchst Strandlektüre oder was zum Schmökern für den Rückflug? Bei Periplus hast du eine große Auswahl an Krimis, internationalen Bestsellern, bali- und indonesienspezifischer Literatur sowie Bildbänden. *Discovery Shopping Mall, Lvl. 1 | Jl. Kartika Plaza | Kuta | periplus.com*

SPORT & SPASS

Gute Spots zum Surfen und Brettverleihshops findest du am Strand bzw.

an der Promenade dahinter. Kurse belegst du z. B. bei der *Pro Surf School (Jl. Pantai Kuta | Kuta | Tel. 0361 75 12 00 | prosurfschool.com).*

STRÄNDE

Der eigentliche Besuchermagnet ist und bleibt der kilometerlange, breite ⭐ *Pantai Kuta,* an dem du erste Stehversuche auf dem Brett ebenso wie ausgedehnte Spaziergänge unternehmen oder einfach nur dasitzen und Leute beobachten kannst. Die Wellen können hier ziemlich wild werden, und es gibt tückische Unterströmungen, also achte darauf, ob rote Bojen und Fahnen ein Schwimmverbot anzeigen. Kinder sollten hier nicht unbeaufsichtigt planschen.

Die Sonnenuntergänge sind traumhaft! **IDER-TIPP Sundowner** Genieß die Atmosphäre bei einem Strandspaziergang oder mach's dir mit einem kühlen Drink in den Kissen der Strandbars bequem, die sich am *Strand von Legian* aneinanderreihen und mit weitgehend identischer Getränkekarte, aber wechselnder Livemusik locken.

WELLNESS

Massagen und Spas gibt es an jeder Ecke. Als einer der besten Wellnesstempel Kutas gilt das *DaLa Spa* im *Villa de Daun Resort (Jl. Legian 123 | Kuta | Tel. 0361 75 62 76 | dalaspa. com),* günstiger kannst du dich im *Cozy (Jl. Sunset Rd. 66 | Legian | Tel. 0812 38 50 66 11 | cozyspa.business. site)* durchkneten lassen.

AUSGEHEN & FEIERN

DROP THE ANCHOR

Entspannte Adresse für einen Cocktail oder ein kühles Bier am Strand sind die von bunten Schirmchen beschatteten Sitzkissen am Strand von Legian. Manchmal werden nach Sonnenuntergang Filme auf der Leinwand gezeigt oder die Gitarren rausgeholt. Falls du davon genug hast: Nebenan gibt's weitere Strandbars. *Tgl. 8.30–20 Uhr | Jl. Pantai Legian | Legian | Facebook*

BEACHWALK XXI PREMIERE ☂

Großes, komfortables Kino, in dem vor allem Blockbuster aus Hollywood und Asien laufen. *Beachwalk Lvl. 2, Jl. Pantai Kuta | Kuta | 21cineplex.com/theaters*

SKY GARDEN LOUNGE

Feiern mit spektakulärem Blick über Kutas Dächer, das schätzt das gemischte Publikum, das sich auf mehreren Tanzflächen und Bars verteilt. Der Eintritt ist nicht günstig, aber dafür darf man sich auch bis spät in die Nacht am All-you-can-eat-Buffet bedienen. *Tgl. ab 17 Uhr | Eintritt ab 150 000 Rp. | Jl. Legian 61 | Kuta | sky gardenbali.com*

OCEAN'S 27

Nach Sonnenuntergang verwandelt sich die Strandbar in eine luftige Loungebar mit Pool, in der internationale DJs für den passenden Sound zuständig sind. *Tgl. ab 10 Uhr | Discovery Esplanade | Jl. Kartika Plaza | Tuban | oceans27.net*

BOSHE VVIPCLUB

In der großen Disco trifft sich vorwiegend junges Publikum zum Sound von DJs und indonesischen Livebands und bei Karaokepartys. Die Tische rund um Tanzfläche und Bühne werden von Servicekräften betreut, die leicht an ihren bunt gefärbten Haaren und schrillen Frisuren zu erkennen sind. *Tgl. ab 14, Livemusik ab 22 Uhr | Jl. Bypass Ngurah Rai 89x | Kuta | Facebook: boshevvipbalii*

SEMINYAK

(□ H7) **Als Kuta noch ein Dorf und Denpasar weit weg war, bauten die Reichen und Schönen ihre schmucken Villen in die Reisfelder des Örtchens ⭐ Seminyak. Auch heute noch ist vieles auf diese internationale Klientel eingestellt.**

Inzwischen geht der Ort (8000 Ew.) im Norden nahtlos in Denpasars Vororte über, während die Ausgeh- und Shoppingmeile *Jalan Arjuna* die ungefähre Grenze zu Legian bildet. Auch an der *Jalan Kayu Aya Aya* und der *Jalan Raya Seminyak* reihen sich Restaurants und Boutiquen aneinander.

Dennoch ist Seminyak völlig anders als Kuta und Legian – alles ist ein bisschen schicker, exklusiver und teurer. Die Hotels und Resorts sind exklusiver, die Klientel erlesener und abgeschotteter, auch die Beachclubs haben wenig mit den beschirmten Sitzkissenprovisorien in den südlichen Nachbarorten gemein. Immerhin: Strand und Wellen sind dieselben, und wenn du mal schick ausgehen willst, kannst du auch einfach von Kuta/Legian oder Sanur aus rüberfahren oder von Legian hierher spazieren.

ESSEN & TRINKEN

BIKU

Die antike Einrichtung und das Kuchenbuffet des Teehauses mit Buchladen versprechen gemütliche Nachmittage – hier wird sogar High Tea serviert. Und viele Gerichte werden mit Zutaten aus biologischem Anbau zubereitet. *Tgl. | Jl. Raya Petitenget 88 | Kerobokan | Tel. 0361 8 57 08 88 | bikubali.com | €€*

GROCER & GRIND

Klare Linien und aufgeräumtes Design: In diesem Café-Restaurant bekommst du Leckeres ohne Schnickschnack. Zum Frühstück gibt's Smoothies und Bowls, Eggs Benedict oder Kokos-Quinoa-Pancakes, mittags Köfte, Wraps und Steak-Sandwiches, abends u. a. Burger und Pizza. *Tgl. | Jl. Kayu Jati 3x | Tel. 0856 73 04 18 | grocerandgrind.com | €€–€€€*

LA LUCCIOLA

Buon giorno! Das luftige, zweistöckige Strandrestaurant, auch „La Luutsch" genannt, bietet Brunch und feine italienische Küche, besonders Pasta mit Seafood. Zu erreichen über den Parkplatz des nahen Tempels. *Tgl. | Jl. Kayu Aya | Petitenget | Tel. 0361 73 08 38 | €€€*

MERAH PUTIH

Hier dreht sich alles um die experimentelle und optisch gekonnt in Szene gesetzte indonesische Küche. Das edle, etwas eigenwillige Ambiente in dem hohen Raum mit Palmen mag nicht jedermanns Sache sein, aber spätestens beim zehngängigen Tasting-Menü läuft dir das Wasser im Mund zusammen – bevor dir beim Blick auf die Rechnung die Spucke wieder wegbleibt. *Tgl. | Jl. Petitenget 100x | Tel. 0361 8 46 59 50 | merahpu tihbali.com | €€€*

MAMASAN

In dem von Meisterkoch Will Meyrick geführten Restaurant, dessen modernes Interieur vom Stil der chinesischen 1920er-Jahre inspiriert ist, kommt raffinierte panasiatische Küche auf die Teller – ein mehrgängiges Essen wird so zu einer kulinarischen Rundreise über den Kontinent. *Tgl. | Jl. Raya Kerobokan 135 | Tel. 0813 39 42 30 33 | mamasanbali.com | €€€*

SHOPPEN

JEMME

Die farbenfrohen, teuren Klunker des britischen Schmuckdesigners Luke Stockley sind zum Teil von balinesischen Motiven inspiriert und echte Hingucker – weil eben: echt. Edle Fusionküche im angeschlossenen Restaurant. *Jl. Raya Petitenget 28 | jemme bali.com*

NILUH DJELANTIK

Bei der balinesischen Schuhdesignerin haben sich schon Cameron Diaz und Gisele Bündchen mit neuen Tretern eingedeckt. Von lässig-dezent bis edel-elegant ist alles dabei, und auch

Herren werden fündig. Zudem kleine Hand- und Kosmetiktaschen. *Jl. Raya Kerobokan 144 u. Jl. Petitenget 88a/b | niluhdjelantik.com*

EARTH CAFE & MARKET

Im veganen Biosupermarkt mit angeschlossenem Café-Restaurant finden Pflanzenköstler jede Menge Leckeres – natürlich bio. Kleinere Filialen namens *Earth Xpress* gibt es in der Jl. Drupadi 117 und in Canggu, Jl. Batu Bolong 37a. *Jl. Kayu Aya 99 | earth cafebali.com*

UPCYCLING

Pfiffige Lösungen zum Müllproblem: Taschen und Accessoires aus Verpackungen, Schildern und Reifen. *Jl. Basangkasa 75*

INSIDER-TIPP
Zweites Leben

In Seminyak kannst du ungestört in den Sonnenuntergang spazieren …

SPORT & SPASS

Wie in Kuta und Legian dreht sich in Seminyak fast alles um Strand und Surfen. Letzteres bringt dir und auch schon deinen Kids (ab 5 Jahren) die 🐬 *Bali Green Surf School (Jl. Drupadi 2 | Tel. 0819 99 41 22 | baligreensurf. net)* bei.

WELLNESS

Tiefenentspannt bist du nach einem Tag im exquisiten *Prana Spa (Jl. Kunti 118x | Tel. 0361 73 08 40 | pranaspa bali.com)* mit Ayurvedabehandlungen, balinesischem Kräuterscrub, Reflexologie oder im türkischen Dampfbad – das Dekor erinnert sogar ein wenig an 1001 Nacht. Auch ein oder zwei Yogasessions kannst du einlegen. Etwas günstiger ist der Wellnesstag im mediterranen Ambiente von *Bodyworks (Jl. Kayu Jati 2 | Petitenget | Tel. 0361 73 33 17 | bodyworksbali.com)*.

AUSGEHEN & FEIERN

POTATO HEAD

Hinter dem Bollwerk aus zusammengezimmerten Fensterläden versteckt sich ein Beachclub in außergewöhnlichem Design mit riesiger Poolbar, gemütlichen Liegen und mehreren Restaurant-Outlets: Das *Kaum* hat sich auf indonesische Küche und traditionelle Zubereitungsarten spezialisiert, das *Ijen* auf Zero-Waste-Küche, und der *Pizza Garden* spricht für sich. Auch hier solltest du reservieren und den Mindestverzehr für die Benutzung einer Liege beachten. *Tgl. ab 10 Uhr | Jl. Pe-titenget 51b | Petitenget | Tel. 0361 4 73 79 79 | ptthead.com | €€*

HU'U

Schicke Restaurant-Bar im romantischen Setting um einen Pool, wo internationale DJs mit Top 40, Funk und EDM den Abend musikalisch gestalten. Ab und an sogar hochkarätige Acts, hier haben schon Diplo, Peaches und Paris Hilton für ein volles Haus gesorgt. *Tgl. | Jl. Laksmana | Petitenget | huubali.com*

MOTEL MEXICOLA

Lust auf einen Abstecher nach Acapulco? Der von knalligen Farben und bunten Lampen kolorierte Laden treibt's mexikanisch inklusive Fete zum Cinco de Mayo. Die Cocktailkarte liest sich anzüglich, doch wo sonst genießt du Tacos, Quesadillas und Tostadas ungeniert mit einem potenten „Ladyboy" oder „Pornstar"? *Tgl. ab 11 Uhr | Jl. Kayu Jati 9X | motelmexicola.info*

KU DE TA

In der gediegenen Strandlounge des Oberoi-Hotels kannst du schon tagsüber Stunden damit zubringen, einfach nur auf einer Liege zu chillen, exzellente Cocktails zu schlürfen, Häppchen oder ganze Gerichte zu ordern und zu cooler Musik auf den Sonnenuntergang zu warten. Weil das auch andere Touristen lieben, solltest du unbedingt reservieren. *Tgl. ab 8 Uhr | Jl. Kayu Aya 9 | kudeta.net*

JENJA BALI

Futuristisch eingerichtete Bar mit teuren, aber potenten Cocktails und inter-

… und dir dann im Ku De Ta ein Plätzchen suchen

nationalen DJs. Hier feierst du zu R&B, EDM, House, Trap oder Hip-Hop, je nachdem wer gerade auflegt. Beachte den Dresscode! *Mi–Sa ab 22 Uhr | Townsquare Suites | Jl. Nakula 18*

RUND UM SEMINYAK

🔟 CANGGU
2 km / 5 Min. von Seminyak mit dem Auto

Der Bauboom hat längst auch die Surferenklave Canggu, die für ihre guten Wellen und erstklassigen Surfcamps bekannt ist, erfasst. Doch noch immer breitet sich neben manchem Resort oder Gästehaus ein sattgrünes Reisfeld aus, und der Strand ist meistens so leer, dass du buchstäblich (und völlig ironiefrei) hoch zu Ross am Spülsaum entlangreiten kannst, ohne irgendwen zu stören: **Im Norden von Canggu kannst du geführte Reitausflüge am Pantai Yeh Gangga und durch die Reisfelder unternehmen** (Island Horse Riding | Tel. 0361 84 69 61 6 | baliislandhorse.com). 🗺 H6

INSIDER-TIPP
Hoppe, hoppe, Reiter!

🔟 PURA TANAH LOT
15 km / 40 Min. von Seminyak mit dem Auto

Wenn die Sonne hinter dem malerischen Meerestempel Tanah Lot untergeht, klicken Hunderte von Kameras: Kaum ein anderes Motiv auf Bali ist so beliebt. Dementsprechend groß ist auch die Zahl der Händler und Guides, sodass der Weg vom Parkplatz zum Felsen, auf dem der Tempel liegt, ein wenig zum Spießrutenlauf werden kann – ganz zu schweigen von den Touristenmassen, die hier in Reisebus-

Die Schreine des Taman Ayun zeichnen sich durch imposante Dachkonstruktionen aus

sen abgeladen werden. Komm lieber am frühen Morgen (hier sind übrigens auch Unterkünfte vor Ort), dann kannst du die tolle Szenerie tatsächlich genießen. In einer Höhle unter dem Felsen bewachen Seeschlangen, die als heilig verehrt werden, den Tempel. *Tgl. 7–19 Uhr | Eintritt 60 000 Rp. | ⏱ 1 h | ⧉ H6*

3 TABANAN
23 km / 50 Min. von Seminyak mit dem Auto
Die Kleinstadt nordwestlich von Seminyak kannst du auch auf der Fahrt zum Gunung Batukaru besuchen, es lohnt sich in jedem Fall. Zum einen vermittelt dir Tabanan einen Eindruck davon, wie balinesische Kleinstädte ohne Touri-Rummel – inzwischen fast schon eine Rarität – aussehen. Zum anderen solltest du mal im – zugegeben, etwas angestaubt wirkenden, aber trotzdem interessanten – *Subak-Museum (Sa–Do 8–16.30, Fr bis 12.30 Uhr | Eintritt 15 000 Rp. | Jl. Gatot Subroto 5b | ⏱ 1 h)* vorbeischauen, das die Kultivierung und Bewässerung der Reisfelder erklärt.
6 km nördlich von Tabanan liegt der 🐾 *Butterfly Park (tgl. 8–17 Uhr | Erwachsene 100 000 Rp., Kinder 50 000 Rp.)*, in dem Hunderte exotische Schmetterlingsarten herumflattern. ⧉ *H5*

4 MENGWI
18 km / 45 Min. von Seminyak mit dem Auto
Mengwi möchte man fast links liegen lassen, wäre da nicht die zweitgrößte Tempelanlage Balis auf einer Flussin-

sel. In einem schönen, weitläufigen Garten, der von einem Wassergraben voller Lotosblumen umgeben ist, ließ 1634 der König von Mengwi den *Pura Taman Ayun* als Familienheiligtum errichten. Dieses hat auch einen profanen Zweck, denn der Wassertempel ist ein Kernstück des ausgeklügelten *Subak*-Systems, nach dessen demokratischen Prinzipien die Bewässerung der Reisfelder in Bali geregelt wird. Unter dem Grasdach der hölzernen Halle am Eingang findest du Figuren von Männern und Hähnen – willkommen im *wantilan,* der Arena für Hahnenkämpfe! *Tgl. 8–18 Uhr | Eintritt 20 000 Rp. | ⏱ 0,5 h | ▢ J5*

INSIDER-TIPP

Kampf-geflügel

SANUR

(▢ J–K 6–7) **Wenn dir der Rummel in Kuta und Legian zu viel wird und die Schickimicki-Läden von Seminyak nicht so dein Ding sind, dann findest du in Sanur (40 000 Ew.) den ruhigen, unprätentiösen Gegenpol.**

Ein prima Ziel auch für Familien: Auf der Ostseite des touristischen Ballungsraums ist das Meer so ruhig und flach, dass auch Kinder darin planschen können; richtiges Schwimmen ist dagegen nur bei Flut möglich. Das hat auch sein Gutes: Wo kaum Wellen, da keine Surfer – und kein Partytourismus. Folglich sind wummernde Boxen an Hotelpools mit integrierter Bar und eimerweise Bintang-Bier nichts,

was dir in Sanur die Stimmung verderben könnte. Der Ort ist längst nicht so dicht bebaut wie Kuta, Legian und Seminyak, das Publikum eine gesunde Mischung aus älteren Dauergästen, Familien und Ruhesuchenden.

An der Jl. Danau Tamblingan liegen viele schöne Läden und gute Restaurants. Ein gepflasterter und von Bäumen beschatteter Weg zieht sich parallel dazu den ganzen Strand entlang, der von Restaurants mit Strandliegen und Cafés gesäumt ist. Abends sorgen viele Strandcafés mit Livemusik dafür, dass es nicht zu beschaulich wird.

Im Norden verschandelt das 1965 errichtete Hochhaus des Inna Grand Bali Beach Hotel das Stadtbild. Weil das auch die Politik so sieht, erließ die Regierung die Maßgabe: Kein Gebäude auf Bali darf höher sein als die höchste Palme – was oft genug Raum lässt für Interpretation.

SIGHTSEEING

MUSEUM LE MAYEUR ☂

Wenn es regnen sollte oder du auf der Strandpromenade ohnehin daran vorbeiläufst, kannst du in dem kleinen, ziemlich altbacken wirkenden Museum mit dem belgischen Maler Adrien-Jean Le Mayeur Bekanntschaft schließen. „Indonesiens Gauguin" lebte von 1932 bis kurz vor seinem Tod 1958 in genau diesem Gebäude, das heute sein Werk mit vielen Porträts seiner Frau Ni Pollock, einer balinesischen Tänzerin, ausstellt. Leider sind einige Werke verblasst oder nur als Reproduktion zu sehen. *Sa–Do 8.30–15.30, Fr bis 12 Uhr | Eintritt*

50 000 Rp. | am Strandweg nahe Jl. Hang Tuah | ⏱ 0,5 h

ESSEN & TRINKEN

WHITE HOUSE

Lust auf asiatische Küche und neue Kreationen? Im White House, das so aussieht, wie es heißt, wählst du zwischen balinesischen Klassikern wie *pepes ikan* oder *ayam betutu* (in Bananenblättern gegartem Hühnchen) und ausgefallenen Interpretationen bekannter Gerichte. Wie wär's mit Ziegensandwich, Fisch in karamellisierter Misosauce oder Ochsenzunge in Weinreduktion? *Tgl. ab 14 Uhr | Jl. Danau Tamblingan 89 | Tel. 0361 28 89 25 | whitehouse-restaurant.business.site | €–€€*

CAFE BATU JIMBAR

In schlichtem Designambiente gibt es frische Säfte, selbst gemachte Kuchen und vegetarische Gerichte. Sonntags kannst du dich auf dem Biomarkt mit Grünzeug eindecken. *Tgl. | Jl. Danau Tamblingan 75a | Tel. 0361 28 73 74 | cafebatujimbar.com | €€*

WARUNG SANTAI

Das freundliche, kleine Bistro serviert Biogerichte mit drei verschiedenen Reissorten zur Auswahl – probier unbedingt das *nasi campur* (Reis mit diversen lauwarmen und kalten Beilagen) nach balinesischer Art! Außerdem leckere Wraps, Frühstücksoptionen, Salate und Kuchen. *Tgl. | Jl. Danau Tandakan 9 | Sindhu | Tel. 0852 38 25 18 18 76 | Facebook: warung santai.di.sanur | €*

SHOPPEN

PASAR SINDU

Die große Markthalle am nördlichen Ende der Jalan Danau Tamblingan solltest du morgens aufsuchen, um etwas Atmosphäre zu schnuppern und zu schauen, was an Fleisch, Gewürze, Gemüse, Obst und Blumen auf einem balinesischen Markt gehandelt wird. Die Läden am äußeren Rand verkaufen auch Flechtwaren und Gewürze sowie ein paar Souvenirs. An den ☎ Essensständen vor der Halle kannst du preiswerte indonesische Snacks und Gerichte probieren. *Jl. Pasar Sindu 5*

GANESHA BOOKSHOP

Eins-a-Buchladen mit gut sortierter Auswahl, darunter Sachbücher über Bali und Indonesien sowie CDs mit traditioneller Musik, die zum Teil auch auf der Website vorgestellt werden. Wenn du einen dicken Schinken zum Schmökern am Strand suchst, kannst du auch die Sektion mit den deutschsprachigen Titeln durchstöbern oder bei der Secondhand-Ware schauen. *Jl. Danau Tamblingan 42 | ganesha booksbali.com*

NOGO BALI

Auf der Suche nach traditionellen Stoffen abseits von Kitsch und Massenware? Hier bist du richtig: Der alteingesessene Laden führt Kleider, Dekor und Accessoires aus handgewebten Baumwollstoffen, die auch nach Kundenwünschen angefertigt werden, sowie traditionelle *Ikat*-Stoffe und -Hemden aus Ostindonesien von guter Qualität *Jl. Danau Tamblingan 104 | nogobali.com*

CELLARDOOR

Hast du den Wein aus Bali schon probiert? Im schicken Laden der balinesischen Hatten Wines hast du Gelegenheit zu einer Weinprobe und kannst neben den Tropfen des Weinguts auch gleich Spirituosen aus der Destillerie Dewi Sri erstehen. *Jl. Bypass Ngurah Rai 393 | hattenwines.com*

SPORT & SPASS

Gute Tauchkurse – auch für Kids – gibt es bei ☺ *Crystal Divers (Jl. Danau Tamblingan 168 | Tel. 0361 28 67 37 | crystal-divers.com).* Im strandnahen Bambusstudio der *Power of Now Oasis (Jl. Retro Beach | Mercure Resort | Tel.* 0878 61 53 45 35 | *powerofnowoasis. com)* kannst du an Yogaklassen, Retreats und Meditationen teilnehmen.

STRÄNDE

Im Gegensatz zum Pantai Kuta ist der ⚲ *Pantai Sanur* weniger windig, weniger strömungsstark und deutlich ruhiger. Hier können auch Kinder bedenkenlos baden und müssen sich nicht vor Surfern in Acht nehmen, während Erwachsene im Schatten unter Bäumen in Ruhe relaxen können.

WELLNESS

JAMU WELLNESS

Jamu ist die Bezeichnung für traditionelle Naturkosmetik, die bei allen Peelings, Massagen und kosmeti-

Sanur mit seinem Palmenstrand bietet beste Voraussetzungen für einen Badeurlaub

Im Bali Bird Park hast du schnell 'nen Vogel – oder auch zwei …

ARENA PUB & RESTAURANT

Die deutsch-österreichische Restaurant-Bar mit Live-Sportübertragungen, Billard und der Quiznacht am Mittwoch ist bei den auf Bali lebenden Ausländern beliebt. An vielen Abenden gibt's Livemusik, und für die Barhocker an der Theke gilt „fat boy parking only". *Tgl. ab 11.30 Uhr | Jl. Bypass Ngurah Rai 115 | arenabali. com*

CASABLANCA

In der beliebten Bar mit großer Cocktailauswahl und bunter Deko spielen jeden Abend ab 21 Uhr einheimische Bands verschiedenste Musikrichtungen mit vielen Coversongs. Dienstags kannst du dich beim Pubquiz versuchen. *Tgl. ab 10 Uhr | Jl. Danau Tamblingan 120 | casablancasanur.com*

schen Anwendungen in diesem Studio zum Einsatz kommt. *Jl. Danau Tamblingan 140 | Tel. 0361 4 72 09 40 | jamuwellnessbali.com*

FESTE

Zum *Bali Kite Festival* im Juni/Juli lassen Hunderte Teilnehmer am Strand von Sanur ihre Flugdrachen steigen – vom kleinen Fitzelfähnchen bis hin zu riesigen Konstrukten, an denen monatelang gebaut wird. Beim *Sanur Village Festival* im August finden am Strand sowie auf öffentlichen Plätzen traditionelle Aufführungen, Musik-Acts und Wassersportwettbewerbe statt.

RUND UM SANUR

5 PULAU SERANGAN

5 km / 10 Min. von Sanur mit dem Auto

Ihren Namen verdankt die 73 ha große Insel, die du über eine Brücke erreichst, den Meeresschildkröten, die früher hier zahlreich ihre Eier ablegten. Heute musst du schon Glück haben, um außerhalb des vom WWF unterstützten 🐵 🐢 *Turtle Conservation and Education Center (tgl. 8–17 Uhr |*

Spende erbeten | ⏱ 0,5 h) eines der bedrohten Tiere zu entdecken, denn sie werden trotz Verbot immer noch gefangen oder ihre Eier werden eingesammelt und als Delikatesse verkauft. Zudem verenden manche Tiere nach Unfällen mit Boots- und Schiffsschrauben. **Für 150 000 Rp. kannst du eine Babyschildkröte in die Freiheit entlassen.** So unterstützt du die Einrichtung und nimmst eine schöne Erinnerung mit. (Achtung: Es gibt in der Umgebung schlechte Nachahmer!) Die Insel erreichst du auch per Boot von *Tanjung Benoa* aus. 🗺 J7

INSIDER-TIPP
Ab ins Meer!

6 BALI BIRD PARK 👥

10 km / 15 Min. von Sanur mit dem Auto

In den Volieren und Freiflugarealen des Vogelparks nordöstlich von Seminyak flattern rund tausend Vertreter 250 verschiedener Vogelarten umher. Einigen zahmen Papageien kannst du buchstäblich auf den Schnabel rücken, und eine bessere Möglichkeit, die exotischen Paradiesvögel aus Neuguinea zu fotografieren, findest du nirgends. Über den Tag verteilt finden Fütterungsshows statt, bei denen du Wissenswertes zu Loris, Pelikanen und Raubvögeln erfährst. Zum Park gehört außerdem ein dschungelartiger Reptilienpark mit Schlangen, Echsen und Komodowaranen. *Tgl. 9–17.30 Uhr | Erwachsene 385 000 Rp., Kinder 192 500 Rp. (online günstiger) | Jl. Serma Cok Ngurah Gambir Singapadu | Batubulan | bali-bird-park.com | ⏱ 1 h | 🗺 J6*

7 BALI SAFARI PARK 👥

17 km / 25 Min. von Sanur mit dem Auto

Im populären Safaripark nordöstlich von Sanur sind mehr als 50 zum Teil bedrohte Tierarten zu Hause, darunter Löwen, Komodowarane und Sumatra-Elefanten. Die Besucher fahren – wahlweise sogar bei Nacht – mit einem Truck durch den offenen Zoo, der internationalen Standards entspricht. Auch bei der Fütterung von Weißen Tigern, Piranhas oder Krokodilen kannst du zusehen. Auf das angebotene Elefantenreiten solltest du aber verzichten. *Tgl. 9–21 Uhr | Erwachsene 800 000 Rp., Kinder 40 000 Rp. (online günstiger) | Jl. Bypass Dr. Ida Bagus Mantra, km 19,8 | Gianyar | balisafarimarinepark.com | ⏱ 2 h | 🗺 K6*

BUKIT-HALBINSEL

(🗺 H–J 7–8) Die südliche Halbinsel Bukit Badung – oft nur „Bukit" (Hügel) genannt – vereint krasse Gegensätze: Den staubtrockenen Sand- und Graslandschaften und den wind- und wellengepeitschten Steilklippen und Surfbuchten im Westen stehen üppig begrünte Golfplätze und Hotelgärten, feine Sandstrände und eine Badewannendüne im Osten gegenüber.

Einst wegen ihrer Trockenheit kaum bewohnt, sind die bis zu 200 m hohen Kalkfelsen im Südwesten heute eine Art „Millionärszeile": Hoch auf den

Klippen eröffnen immer mehr Luxusresorts mit Namen wie The Edge, The Sanctus oder Bvlgari Resort hinter hohen Mauern, ganz zu schweigen von den vielen verstreuten Privatvillen.

Weniger abgehoben geht es an den Surfbuchten im Westen zu, wo du auch als Normalsterblicher ohne wellenreiterische Ambitionen wohnen und bei einem kühlen Getränk den Profis dabei zusehen kannst, wie sie mit einer Mischung aus Können, Timing und günstigen Umständen am perfekten Ritt auf der Welle experimentieren.

Bereits in den 1970er-Jahren konzipierte die Regierung am Oststrand den Ort *Nusa Dua,* wo Reich und Schön unter sich sein darf. Drei streng bewachte Tore führen in die von Rasenflächen und menschenleeren Zufahrtsstraßen geprägte Fünf-Sterne-Enklave, die fast alles bietet – außer echtem balinesischem Leben.

Das lässt sich besser in *Jimbaran* an der Westküste beobachten, wo ⚑ morgens und abends die bunten Fischerboote ihren Fang einbringen. Auch *Tanjung Benoa* auf der Landzunge nördlich von Nusa Dua hat sich Dorfatmosphäre bewahrt. Vielleicht fallen dir hier die für Bali ungewöhnlich verschleierten Frauen und Mädchen auf: Es sind muslimische Bugis, die einst als seefahrendes Volk von Sulawesi aus den ganzen Archipel bereist und im Lauf der Jahrhunderte zahlreiche Küstendörfer auf anderen Inseln gegründet haben. Ihre bescheidene Lebensweise kontrastiert merklich mit der Spaßmentalität der Tagesgäste, die mit Jetskis, Parasailing und Bananenbooten den Oststrand auf- und abdüsen.

SIGHTSEEING

PURA LUHUR ULUWATU ★

Die sich täglich aus Kuta in den Westen der Halbinsel schlängelnde Blechlawine hat fast immer dasselbe Ziel: den *Kecak*-Tanz am Uluwatu-Tempel. Dabei ist der im 11. Jh. zu Ehren der Meeresgöttin Dewi Danu gebaute Tempel an sich gar nicht so toll. Gut, er thront rund 80 m über der Brandung und gehört zu den sechs heiligsten Tempeln Balis. Aber der eigentliche Star des Abends ist der atemberaubende Blick aufs tosende Meer und die kleinen Fischerboote in der Tiefe, denn vor dieser Kulisse findet zum Sonnenuntergang der berauschende ⚑ *Kecak*-Tanz im offenen Amphitheater südlich vom Tempel statt. Dabei wird eine Kurzfassung des indischen Ramayana getanzt, während der sitzende Männerchor ein rhythmisches „Chak! Chak!" intoniert. Sei zeitig da, denn es wird sehr voll und die Sitzplätze sind begrenzt. **INSIDER-TIPP** **Auf glühenden Kohlen** Gute Fotos schießt du von den unteren Rängen nach Sonnenuntergang, denn am Ende laufen einige Tänzer über lodernde Glut, dass die Funken fliegen! *Tgl. 9–19, Kecak 18 Uhr | Eintritt 30 000 Rp., Kecak 100 000 Rp. | ⧖ 1,5 h*

GARUDA WISNU KENCANA CULTURAL PARK ★

Eine Statue der Superlative steht unübersehbar im Zentrum der Halbinsel.

Inmitten der trockenen Landschaft erhebt sich hier der 75 m hohe Hindugott Vishnu mit seinem mythischen Reittier Garuda, das auch im Wappen von Indonesien abgebildet ist. Zusammen mit dem Podest misst das ganze Ungetüm stattliche 121 m. Weitere Skulpturen sind im umliegenden Park verstreut, der sich teils zwischen separierten und üppig begrünten Kalksteinfelswänden erstreckt, dazwischen gibt es immer wieder Stellen, an denen noch gebaut wird. Eine ungewöhnliche Kulisse, aber schräg genug für Musikfestivals wie das Dreamfields, die hier stattfanden. Über den Tag verteilt werden ab 10 Uhr balinesische Tänze aufgeführt. *Tgl. 8–22 Uhr | Eintritt 125 000 Rp | Jl. Raya Uluwatu | Ungasan | gwkbali.com | ⏱ 1 h*

MUSEUM PASIFIKA

Im Hotelkomplex von Nusa Dua schlenderst du durch das Museum in moderner balinesischer Bauweise und bestaunst nicht nur Kunst aus Indonesien, sondern auch aus Europa, Indochina, Ostasien und der pazifischen Inselwelt. *Tgl. 10–18 Uhr | Eintritt 70 000 Rp. | Block P | Nusa Dua | ⏱ 1 h*

ESSEN & TRINKEN

BALIQUE RESTAURANT

Der aufmerksame Service versorgt dich mit Leckerem aus Indonesien und Europa, du studierst in den Essenspausen die luftige Architektur im gepflegten Vintagestil. *Tgl. | Jl. Uluwatu 89 | Jimbaran | Tel. 0361 70 49 45 | balique-restaurant.com | €€–€€€*

Wenn am Pura Luhur Uluwatu *kecak* getanzt wird, strömen die Touristen zusammen

BUDDHA SOUL

Das schöne Biorestaurant mit Yoga-Shop bietet „Seelenfutter", viel Vegetarisches und Raw Food. *Tgl. | Jl. Labuansait | 700 m östlich vom Padang-Padang Beach | Tel. 0821 12 14 04 70 | Facebook | €€*

SINGLE FIN

Zu den viel fotografierten Locations gehört dieser Surferclub mit betont lässiger Shabby-Chic-Atmosphäre und tollem Blick von den Klippen am Pantai Suluban. Auf die Teller kommen Pizza, Tacos, Poke-Bowls, auf die Plattenteller angesagte Musik von internationalen DJs. *Tgl. | Jl. Mamo | Uluwatu | Tel. 0361 76 99 71 | singlefinbali.com | €€*

BUMBU BALI

Der vielfach ausgezeichnete Meisterkoch Heinz von Holzen und sein Team kochen authentische balinesische Gerichte, die du in traditionellem Setting mit Separees, halb offenen Pavillons und Gamelan-Untermalung genießt. Du bist auf den Geschmack gekommen? Dann buch einen 🍴 Kochkurs! *Tgl. | Jl. Pratama | Tanjung Benoa | Tel. 0361 77 45 02 | balifoods.com | €€*

SPORT & SPASS

Die Hauptattraktion im Südwesten der Halbinsel sind die spektakulären Wellen, die Surfer aus aller Welt anziehen. Kurse gibt es im *Padang Padang Surf Camp (Tel. 0819 99 28 35 49 | balisurfingcamp.com).* Als Golfer darfst du dich auf eine Partie auf einem der besten Plätze Asiens im *Bali National Golf Club (balinational.com)* in Nusa Dua freuen – vorausgesetzt, du kreuzt in Golfschuhen, langen Hosen und Polohemd auf. Anbieter in Tanjung Benoa ermöglichen dir alle Arten von Wassersport.

STRÄNDE

Der sehr schöne 🏖 *Dreamland Beach* ist meist sehr voll, dasselbe gilt für den *Pandawa Beach.* Etwas schwieriger zu erreichen sind die bei Surfern beliebten Buchten *Bingin, Balangan* und *Padang-Padang,* in denen auch Schwimmen und Schnorcheln möglich sind. Die Brandung von *Impossibles, Nyang-Nyang, Suluban* und *Uluwatu* solltest du als Nichtsurfer und Anfänger lieber den Profis überlassen.

DENPASAR

(📖 J6–7) **Wuseliges Treiben und dichter Verkehr prägen Balis Hauptstadt, deren rund 800 000 Einwohner aus allen Teilen des Lands stammen: Das quirlige Le-**

WOHIN ZUERST?

Die großen Verkehrsadern aus allen Himmelsrichtungen treffen sich am Kreisverkehr um die vierköpfige **Catur-Muka-Statue.** Direkt südöstlich liegt der **Puputan-Platz,** von dem du die wichtigsten Sehenswürdigkeiten zu Fuß erreichst.

Die Brandung vor der Bukit-Halbinsel ist für viele Surfer eine echte Herausforderung

ben hier spiegelt die Realität vieler Indonesier wider.

Willkommen in einer typischen indonesischen Großstadt! Die meisten Touristen haben zwar Denpasar als Ziel auf ihrem Flugticket stehen, sehen davon allerdings gar nichts oder nur die Randgebiete im Übergang zu Seminyak im Südwesten und Sanur im Südosten. Wenn du aber an authentischen Eindrücken von Land und Leuten interessiert bist, kannst du Denpasar ruhig einen Tagesbesuch abstatten oder machst einen Stopp auf dem Weg von oder nach Ubud.

Der Palast der früher als Badung bekannten Königsstadt wurde bei der Eroberung durch die Holländer 1906 weitgehend zerstört, aber Denpasar besitzt noch andere historische Bauten und Parks, ein volkskundliches Museum und ein Kulturzentrum. Ein Gang über den großen Markt sowie die eine oder andere Kostprobe vom indonesischen Streetfood runden das Großstadterlebnis ab.

INSIDER-TIPP
Spritztour

Durch Denpasar kurven noch alte öffentliche Kleinbusse. Einfach das Ziel nennen und eine Runde im *bemo* drehen – enge Sitze und neugierige Fragen inklusive.

SIGHTSEEING

PUPUTAN-PLATZ

Ein Denkmal auf dem grünen Platz im Zentrum erinnert an den rituellen Selbstmord *(puputan)* der Fürsten von Badung und Tabanan, die sich 1906 den Niederländern mit ihrem gesamten Hofstaat unbewaffnet entgegenstellten, um der Kolonisierung zu entgehen. Wer nicht durch die Gewehr-

Nicht nur für (Hobby-)Köche ein Erlebnis ist ein Bummel über den Pasar Badung

salven starb, tötete sich nach dem Ge-
metzel selbst. Heute ist der Platz
abends ein beliebter Treffpunkt.

BALI MUSEUM ☂

An der Ostseite des Puputan-Platzes
kannst du im staatlichen Provinzmu-
seum prähistorische Artefakte, Tanz-
kostüme, antike Waffen, religiöse Objekte und Gamelaninstrumente sehen.
Das Museum selbst besteht aus vier
Gebäuden, die die balinesische Palast-
und Tempelarchitektur aus verschiedenen Epochen präsentieren, wie
etwa aus der Zeit der Gelgel- oder der
Karangasem-Dynastien. Da es nicht
viele Erläuterungen der Ausstellungs-
objekte gibt, kannst du einen Guide
am Eingang mitnehmen, solltest aber
dessen zumeist überteuerte Preisfor-
derung   herunterhandeln.   *Sa–Do*

*8–15.30, Fr 8.30–13 Uhr | Eintritt
50 000 Rp. | Jl. Mayor Wisnu | ⏱ 1 h*

PURA JAGATNATHA

Gleich nördlich vom Museum steht
Balis „Staatstempel" zu Ehren der
obersten Gottheit Sanghyang Widhi.
Diese vereint Shiva, Brahma und
Wishnu in sich – ein Zugeständnis an
die indonesische Staatsphilosophie
Pancasila, die den Monotheismus vo-
raussetzt. Der Hauptschrein besteht
aus (ursprünglich weißen) Korallen,
hat aber mit den Jahren deutlich Pati-
na angesetzt. In Voll-
mondnächten gibt es
hier *Wayang-kulit*-Auf-
führungen mit Game-
lanmusik. Dann philosophieren, trinken und flirten die Balinesen vor dem
Tempel. *Eintritt frei, Zutritt nur mit Sa-*

INSIDER-TIPP
**Musik und
Schatten**

rong (Leihgebühr 10 000 Rp.) | ⏱ 0,5 h

ESSEN & TRINKEN

BHINEKA JAYA CAFE

Der Coffeshop von Balis bekanntester Kaffeerösterei war in der Kolonialzeit mal ein Warenlager. Heute treffen sich hier Kaffeebegeisterte und schlürfen ihr „schwarzes Gold" in diversen Röst- und Anbauvariationen oder füllen ihre Kaffeevorräte auf. *Mo–Sa 9–15 Uhr | Jl. Gajah Mada 80 | kopibali. com*

PASAR KERENENG (PASAR ASOKA) 👁

Bring Neugier und Appetit mit, denn auf dem quirligen Nachtmarkt bieten Straßenstände Gerichte aus ganz Indonesien an. Wie wär's mit *soto ayam, babi guling, sate kambing* (gegrillten Lammspießen) nach Madura-Art oder javanischem *pecel* (traditionellem Salat mit Erdnusssauce und Reis)? *Tgl. 19–2.30 Uhr | Jl. Kamboja | €*

DENPASAR FOODIE TOUR 🚩

Was gibt es Schöneres, als mit Einheimischen die lokale Küche eines Lands zu entdecken? Auf diesem Konzept basieren die geführten Stadtrundgänge mit kulinarischem Schwerpunkt. **INSIDER-TIPP Street Food Experience** Locals spazieren mit dir drei Stunden durch die City und zeigen dir die besten Garküchen und Straßengerichte – probieren inklusive. *Tgl. 10 u. 17 Uhr | 35 US-$ | goodindonesian food.com*

SHOPPEN

PASAR BADUNG

Rund 500 m westlich vom Puputan-Platz solltest du dich dem Gewimmel und Getöse im Pasar Badung aussetzen. Der größte Markt Balis wurde nach einem Brand besser und größer wiederaufgebaut und erstreckt sich heute über vier Stockwerke mit rund 350 Ständen. Halb Bali deckt sich hier mit Lebensmitteln, bunten Stoffen und Devotionalien ein. Vor allem morgens ist der Markt the place to be und eine gute Adresse für Schnappschüsse. *Tgl. 24 Std. | Jl. Sulawesi*

PASAR KUMBASARI 👁

Kleine Brücken führen über den Fluss zu diesem wuseligen Markt, auf dem Kunsthandwerk, Leder, Textilien und Souvenirs den Besitzer wechseln. **INSIDER-TIPP Preiskampf** Hier kannst du die Preise für Souvenirs herunterhandeln. Freundlich bleiben, Wunschpreis nennen und Desinteresse vortäuschen. Merke: Auch beim Feilschen gilt die Etikette! *Tgl. 8–17 Uhr | Jl. Pasar Kumbasari*

FESTE

Beim *Bali Arts Festival* im Juni/Juli zeigen die besten Künstler und Tänzer Balis einen Monat lang ihr Können. Viele sind Studenten am renommierten ISI – Institu Seni Indonesia, der staatlichen Kunstakademie. Die meisten Shows kannst du abends im Kulturzentrum *Taman Wedhi Budaya (Jl. Nusa Indah)* besuchen.

ZENTRAL- & NORDBALI

REISTERRASSEN, VULKANE UND KORALLENRIFFE

Schon allein, um den Kontrast auf dich wirken zu lassen, solltest du die Strände des Südens für ein paar Tage gegen die herrliche Tropenkulisse in Zentralbali tauschen. Auch kulturell wird dir nirgends so viel für Auge und Ohren geboten wie hier.
Auf kleinen Landstraßen juckelst du von Ubud aus mit dem Roller oder einem Mietwagen durch die Dörfer, entdeckst uralte Heiligtümer und heilige Quellen und hast vielleicht auch Gelegenheit, die eine oder andere Zeremonie mitzuerleben. Zahllose Bäche sowie

Auf dem Reisfeld arbeitende Bäuerinnen wirst du in Zentralbali häufig sehen

die Nähe zu den großen Seen sorgen für eine Landschaft in sattem Grün. Karg und trocken wird es jenseits der Berge, wo du in Pemuteran und Lovina weit weg vom hektischen Trubel im Süden bist. Ideal, um nach den ersten aufregenden Urlaubstagen und den vielen Eindrücken zu sich zu kommen und dann buchstäblich abzutauchen – in die schwerelose Welt unter der Wasseroberfläche.

ZENTRAL- & NORDBALI

J a v a

MARCO POLO HIGHLIGHTS

★ **DANAU BUYAN UND DANAU TAMBLINGAN**
Reisfelder und Wasserfälle an zwei idyllischen Seen ➤ S. 77

★ **GUNUNG BATUR**
Kontrastprogramm gefällig? Es gäbe da eine bizarre Felswüste zu Füßen eines Vulkans ➤ S. 74

L a u t   B a l i

16 Pulau Menjangan ★

58 km, 1 ¼ Std.

Prapat Agung Peninsula

Gilimanuk

Pemuteran
S. 78

10 Gerokgak

Hatten Wines Vineyard

2

Melaya

Taman Nasional Bali Barat

INDONESIA

Negara

Mendaya

Pengambengan

Pekutatan

S A M U D E R A
I N D O N E S I A

10 km
6.21 mi

B a l i

Kubutambahan

11 Singaraja

Desa Tejakula

31 km, 1 Std.

● **Lovina**
S. 74

9 Banjar

12 Gitgit-
Wasserfälle

Danau Buyan ★

Gobleg

13

Gunung Batur ★ **8**

13
Danau Tamblingan ★

14 Danau Bratan
15 Botanischer Garten

Penelokan ○

Danau
Batur

Pupuan ○

2 Gunung Batukaru ★

5 Tegallalang

7 Tirta Empul
6 Gunung Kawi

Payangan ○

○ Bangli

40 km, 1½ Std.

1 Bongkasa Pertiwi

4 Pura Penataran Sasih

Ubud ★
S. 66

● ○ Pejeng

3 Bedulu

2

Tabanan ○

Kerambitan ○

Gianyar ○

Semarapura

Im Monkey Forest kannst du den Affen auch auf Baumwipfelhöhe begegnen

UBUD

(◫ J–K5) **Das ⭐ kulturelle und spirituelle Zentrum Balis (70 000 Ew.) liegt eingebettet zwischen saftigen Reisterrassen, kleinen Schluchten und friedlichen Dörfern. Dieser Reiz blieb dem Massentourismus nicht verborgen, doch auch wenn die Infrastruktur manchmal kurz vor dem Infarkt steht, solltest du hier ein paar Nächte verbringen und die Umgebung erkunden.**

Spirituell bedeutsam war Ubud schon, als im 8. Jh. ein hinduistischer Mönch das beschauliche Campuhan (heute ein Ortsteil) für heilig erklärte und eine Pilgerstätte begründete. Kulturell machte es sich ab dem 18. Jh. einen Namen, als sich ein Zweig der Sukawati-Dynastie hier niederließ und die höfischen Künste förderte. Und es war ein Sukawati-Prinz, der in den 1930er-Jahren mit dem Deutschen Walter Spies und dem Holländer Rudolf Bonnet die Pita-Maha-Schule für Malerei ins Leben rief. Dies öffnete die Türen für weitere westliche Künstler und Intellektuelle und verhalf der lokalen Kunstszene bis heute zu außergewöhnlicher Bedeutung.

In neuerer Zeit hat kaum etwas den Tourismus in Ubud so gehypt wie Elizabeth Gilberts Buch „Eat, Pray, Love" und der gleichnamige Film. Unzählige machten sich daraufhin auf in das vermeintlich idyllische Örtchen, um den alten Heiler Ketut zu besuchen, der Julia Roberts im Film aus der Hand liest und ihr seine simple Lebensphilosophie mit einem fast zahnlosen Lächeln einimpft, nur um dann in einer von Touristen bevölkerten Kleinstadt auf Ketuts endloser Warteliste zu landen, weil schon Tausende dieselbe Idee hatten.

Zahllose Geschäfte säumen die Hauptstraßen, durch die asiatische Tagesbesucher mit Einkaufstüten eilen. Auch das Angebot für die westliche Klientel hat sich merklich ins Luxussegment aufgefächert. Spötter meinen, Ubud sei zum kommerzialisierten Mekka für betuchte Sinnsuchende verkommen, die Kombucha-Klientel, alte New-Age-Anhänger und alle, die irgendwie mit Yoga und Ernährungstrends zu tun haben. Tatsächlich läuft Ubuds professioneller Wohlfühlbetrieb gut geölt wie eine balinesische Massage. Allerdings gibt es noch immer charmante Ecken, familiäre Gästehäuser am Reisfeld und das typische, schlecht in Worte zu fassende Ubud-Flair.

Ketut hat sich übrigens 2016 mit (angeblich) 100 Jahren in den Zyklus der Wiedergeburten zurückgezogen – seine Hinterbliebenen führen heute ein Hotel mit Spa.

SIGHTSEEING

PURI SAREN (UBUD PALACE)

An der zentralen Kreuzung steht der Palast von Ubud, in dem heute noch die Nachfahren des letzten Königs wohnen. Um den gepflegten Innenhof findest du schöne Bauten aus dem 19. Jh., aber viel toller sind die abendlichen Tanzaufführungen, für die du dir am besten vorher ein Ticket besorgst und zeitig einen Platz sicherst. *Tgl. 8–18, Performance tgl. 19.30 Uhr | Eintritt frei, Tanz 100 000 Rp. | ⏱ 1,5 h*

MONKEY FOREST ⚑

Sicher hast du schon Bilder vom heiligen Affenwald gesehen, der mit seinem dahinplätschernden Bach, den ausladenden Banyanbäumen und kleinen Tempeln eine magische Atmosphäre entfaltet. Eigentlich ein herrlicher Ort für ein Picknick, wären da nicht Hunderte frecher Makaken, die hier absolute Narrenfreiheit genießen. Einige stibitzen sogar Sonnenbrillen oder Hüte und rücken sie erst im Austausch gegen Futter raus – also trag deinen Kleinkram gut verpackt und nah am Körper! Am besten spazierst

WOHIN ZUERST?

Die **Kreuzung vor dem Ubud Palace** ist der Mittelpunkt, hier liegen auch der Markt und die Touristeninformation. In den Süden führt die Jl. Monkey Forest zum Affenwald. Wenn du der Jl. Ubud Raya in westlicher Richtung folgst, kommst du nach 200 m zum Puri Lukisan, nach etwa 1 km zum Blanco-Museum und nach weiteren 1,5 km zum Neka-Museum.

du vom Eingang weg in den Wald hinein, wo weniger Trubel herrscht. *Tgl. 8.30–18 Uhr | Eintritt 50 000 Rp. | monkeyforestubud.com*

AGUNG RAI MUSEUM OF ART (ARMA)

Südwestlich vom Monkey Forest stellt dir das in einem Park angelegte Museum balinesische Künstler vor, aber auch Werke von Spies, Bonnet, Le Mayeur und dem berühmten javanischen Maler Affandi. Zudem gibt's 👥 Kurse zum Mitmachen – auch für Kids. *Tgl. 9–18 Uhr | Eintritt (Erwachsene und Kinder) 100 000 Rp. | Jl. Pengosekan | armabali.com | ⏱ 1 h*

PURI LUKISAN 🌂

Eine Brücke führt westlich der Hauptkreuzung in den üppig grünen Park dieses „Gemäldepalasts". In mehreren Gebäuden sind Werke im alten *Wayang*-Stil sowie von Rudolf Bonnet und Walter Spies zu sehen, außerdem Bilder der Young Artists, die ländliche Szenen in kontrastreichen Farben festhielten, und zeitgenössische Malerei des bekannten Künstlers I Gusti Nyoman Lempad. *Tgl. 9–18 Uhr | Eintritt ab 85 000 Rp. inkl. Mittagsbuffet | Jl. Raya Ubud | museumpurilukisan.com | ⏱ 1 h*

BLANCO MUSEUM 🌂

Die ausdrucksstarken Bilder des exzentrischen spanisch-philippinischen Malers Antonio Blanco (1912–1999) sind in seinem palastartigen Privatanwesen zu besichtigen. Wie in Blancos Werke sind auch in die Architektur und Einrichtung seines Wohnhauses europäische und balinesische Elemente eingeflossen. *Tgl. 9–17 Uhr | Eintritt 80 000 Rp. | Jl. Raya Campuan | blancomuseum.com | ⏱ 0,75 h*

NEKA ART MUSEUM

Die Sammlung des Kunstmäzens Suteja Neka vermittelt dir einen guten Einblick in die balinesische Kunst damals wie heute. Vertreten sind alle wichtigen Maler, außerdem gibt es eine Sammlung wertvoller Zeremonialdolche *(kris)*, die auf Bali und Java als magische Objekte und Statusinsignien gelten. *Mo–Sa 9–17, So 12–17 Uhr | Eintritt 75 000 Rp. | Jl. Raya Campuan | museumneka.com | ⏱ 0,75 h*

ESSEN & TRINKEN

MOZAIC

Das Team von Küchenchef Chris Salans, der in Ubud auch das Restaurant Spices führt, zaubert dir ein mehrgängiges Menü, das die besten Geschmäcker aus Ost und West vereint. Auf deinem Teller könnten z. B. Foie gras von der Ente mit Mango, Fischcarpaccio mit Kokosfleisch und Pomelo oder angerösteter Tofu mit Tonkabohnenemulsion landen. *Tgl. ab 18 Uhr, Di–So auch mittags | Jl. Raya Sangginan | Tel. 0361 97 57 68 | mozaic-bali.com | €€€*

ALCHEMY

Raw Food nicht nur für Veganer. Große Auswahl an Salaten, Säften und Desserts, und auch deinen Lebensmitteleinkauf kannst du hier erledigen. *Tgl. | l. Penestanan Kelod 75 (hinter Blanco-Museum abbiegen) | Tel. 0361*

97 19 81 | *alchemy-vegan-restaurant.
business.site* | €€

SENIMAN COFFEE STUDIO

Hier gibt's selbst gerösteten Kaffee und eines der besten Frühstücksmenüs am Ort, dazu Baristakurse und eigene Designprodukte. *Tgl.* | *Jl. Sriwedari 5* | *Tel. 0361 97 20 85* | *seniman coffee.com* | €–€€

MELTING WOK

In wirklich schlichtem Ambiente verwöhnt dich der sehr aufmerksame Service mit kreativen und liebevoll zusammengestellten Tagesgerichten. Immer voll – also besser reservieren. *Tgl.* | *Jl. Gootama 13* | *Tel. 0821 44 17 49 06* | €–€€

KAFE

Tolles Biocafé mit großer Frühstückskarte, leckeren Kuchen, herzhaften Suppen, Salaten und einer Einrichtung aus Recyclingmaterialien. *Tgl.* | *Jl. Hanoman 44 B* | *Tel. 0361 4 79 20 78* | €–€€

SHOPPEN

Auf dem *Pasar Ubud (Kreuzung Jl. Raya Ubud/Monkey Forest Road)* gibt es Kleinkram, Kunst und Kitsch, aber bring unbedingt Verhandlungsgeschick mit!
Rund um Ubud liegen Kunsthandwerksdörfer: *Mas* ist bekannt für seine Holzschnitzer, *Penestanan* für seine Malerei und *Peliatan* für Schatten-

Im Agung Rai Museum wird nicht nur Kunst gezeigt, es entstehen auch neue Werke

„Verpackt" in große Körbe wird auf dem Markt in Ubud Geflügel verkauft

spielpuppen. Etwas weiter weg, in *Celuk,* kannst du günstig Silberartikel erstehen.

THREADS OF LIFE
Mit dem Einkauf in diesem Fair-Trade-Laden, der hochqualitative, traditionelle Webstoffe und Flechtarbeiten führt, unterstützt du die Frauen, die sie herstellen, sowie den Erhalt dieses Handwerks in Indonesien. *Jl. Kajeng 24 | threadsoflife.com*

STUDIO PERAK
Originellen Silberschmuck bekommst du hier zu günstigen Preisen – oder du machst dir einen Ring oder Armreif selbst: Die Besitzer geben auch Kurse im Silberschmieden. *Jl. Hanoman 15, Jl. Dewi Sita und Jl. Monkeyforest | Facebook*

GALERIEN 👝
Kein Ort auf Bali zählt so viele Kunstgalerien und Artshops wie Ubud. Die *Komaneka Gallery (Monkey Forest Road | gallery.komaneka.com)* und die *Tony Raka Art Gallery (Jl. Raya Mas | tonyrakaartgallery.com)* stellen moderne Künstler aus Java und Bali aus. Indonesische und internationale zeitgenössische Kunst gibt es in der *Sika Gallery (Jl. Raya Sanggingan 88x | sikagallery.com)* zu sehen – und zu kaufen. Auch schön sind die Gläser, Vasen und Lampen aus Altglas, im der Sika Gallery angeschlossenen *Ego Shop (Facebook: egoshopubud).*

SPORT & SPASS

Ubud ist ideal für Ausflüge in die Umgebung: Reisfeldwanderungen und Radtouren organisiert *Bali Budaya Tours (Tel. 0361 97 55 57 | baliecocycling.com)*. Legendär sind die Vogelwanderungen mit den Ornithologen *Victor und Su (Tel. 0361 97 50 09 | balibirdwalk.com).* ==Zu kurzen Spaziergängen kannst du dich auch auf eigene Faust aufmachen==,

INSIDER-TIPP
Egotrip

z. B. zum kurzweiligen *Campuhan Ridge Walk,* der 750 m westlich der Kreuzung nach Norden beginnt.

WELLNESS

Vielseitige Spabehandlungen zu günstigen Preisen gibt's im *Sang Spa (Jl. Jembawan 13b und Jl. Monkey Forest | Tel. 0812 36 33 32 22 | sangspaubud.com),* Dschungelpanorama und einen ganzheitlichen Ansatz bietet Taksu *(Jl. Gootama Selatan 35 | Tel. 0361 97 14 90 | taksuspa.com).*
Zum Sonnengruß verbiegst du dich am besten in der *Yoga Barn (Jl. Raya Pengosekan | Tel. 0361 97 12 36 | theyogabarn.com),* wo täglich mehr als ein Dutzend Kurse und Retreats in Yoga und Meditation stattfinden – ein Biorestaurant *(€€)* und Ayurveda-Spa sind gleich mit integriert.

AUSGEHEN & FEIERN

Jeden Abend finden in und um Ubud Tanz- und Musikaufführungen statt, das Programm hat die *Ubud Tourist Information (Jl. Raya Ubud).*

XL SHISHA LOUNGE

Bei einer Wasserpfeife und einem Drink in nahöstlichem Dekor chillen und ab 19.30 Uhr die Livemusik genießen. *Tgl. 11–3 Uhr | Jl. Monkey Forest 129 (hinter dem Fußballplatz)*

CP LOUNGE

In dem luftigen Bar-Restaurant sorgen Lampions und Rainbow-Shots für Farbe. An vielen Abenden gibt's gute Livemusik, später legt im hinteren Bereich ein DJ auf – dann wird getanzt bis in den Morgen. *Tgl. ab 11 Uhr | Jl. Monkey Forest | cp-lounge.com*

LAUGHING BUDDHA BAR

Der lachende dicke Buddha gilt als Schutzheiliger der Kinder und Schwachen, der Wahrsager – und der Bartender. Kein Wunder, dass die Jazz-Bar und Cocktaillounge mit ihren exotischen Drinks punktet. Noch besser sind die täglich wechselnden Livebands. *Tgl. ab 9 Uhr | Jl. Monkey Forest | laughingbuddhabali.com*

RUND UM UBUD

1 BONGKASA PERTIWI
11 km / 20 Min. von Ubud mit dem Auto

Der Ortsteil von Abiansemal erlangte Berühmtheit, seit auch hier das Potenzial von Riesenschaukeln und hängenden Schaukelnestern erkannt und ein kleiner Fotopark mit Blick ins Grüne angelegt wurde. Für satten Eintritt

Reisanbau nach dem Subak-System bedeutet auch schwere körperliche Arbeit

ohne Schaukelnutzung 35/10 US-$ | Jl. Dewi Saraswati 7 | 4x tgl. kostenloser Shuttle ab Queens of India in Ubud | baliswing.com | ⏱ 0,75 h | 📖 J5

2 GUNUNG BATUKARU ⭐

40 km / 1 Std. von Ubud mit dem Auto

Die Gegend rund um Balis zweithöchsten Vulkan (2276 m) gilt als Reiskammer der Insel. An seiner Südseite liegen die spektakulären, fast tausend Jahre alten *Reisterrassen von Jatiluwih (Eintritt 40 000 Rp. | ⏱ 0,25 h),* von denen du bei klarer Sicht bis zum Meer gucken kannst. Rund 9 km westlich versteckt sich auf 825 m Höhe der *Pura Luhur Batukaru (tgl. 6–18 Uhr | Eintritt 20000 Rp. | ⏱ 0,75 h),* einer der sechs heiligsten Tempel Balis. Eine verwunschen wirkende Anlage, die als Ahnentempel für den Hof von Tabanan dient und deren Ursprünge im 11. Jh. liegen. In der grünen Umgebung haben sich einige Wohlfühl- und naturnahe Ökoresorts angesiedelt, in denen du bei milden Temperaturen prima entspannen kannst. 📖 G–H 3–4

3 BEDULU

2 km / 5 Min. von Ubud mit dem Roller

Steile Stufen führen in dem Dorf südöstlich von Ubud zur *Goa Gajah (tgl. 8–17 Uhr | Eintritt 50 000 Rp. | ⏱ 0,5 h),* der „Elefantenhöhle" aus dem 9. Jh., die du durch das Maul eines Dämons betrittst. Im Inneren erwartet dich eine Statue des Gotts Ganesha, der halb als Mensch, halb als Elefant dargestellt wird. Erst 30

kannst du zumindest vor der Linse den Eindruck erwecken, du wärst weit und breit der oder die Einzige in diesem malerischen Flusstal. Dass vor jeder Schaukel eine Warteschlange steht, kann den Spaß allerdings trüben – wie auch die Sicherheitsvorkehrungen, die nicht deutschen Standards entsprechen. Auch hier gilt: Komm früh morgens – und nimm Badesachen mit, denn am Fluss ist ein Pool zum Abkühlen. *Tgl. 8–18 Uhr, letzter Einlass 17 Uhr | Eintritt mit/*

Jahre nachdem die Niederländer 1923 auf die Höhle gestoßen waren, wurden auch die heilige Quelle und die beiden rechteckigen Badeplätze davor wiederentdeckt.

800 m von der Höhle entfernt hast du die Chance, kreativ zu werden und bei *Deking Bali Arts Class (tgl., nach Voranmeldung | ab 300 000 Rp. | Tel. 0813 38 78 48 92 | dekingbaliartclass.com)* 🎭 Workshops rund um die balinesischen Künste zu belegen. Nyoman Deking, der jahrzehntelang im ARMA unterrichtete, zeigt dir und/oder deinen Kids nicht nur, wie du batikst oder Holzobjekte schnitzt, sondern auch Tänze oder das kunstvolle Ausschnitzen von Obst. 🗺 *K5*

4 PURA PENATARAN SASIH

3 km / 8 Min. von Ubud mit dem Roller

Genau in der Mitte Balis steht der Tempel mit dem „Mond von Pejeng", der größten Bronzetrommel der Welt und einem der wichtigsten Funde der indonesischen Bronzezeit. Einer Sage nach war die Trommel einst der 13. Mond eines Jahres, fiel aber herab, als Diebe sein Licht mit ihrem Blaseninhalt löschten, um nicht entdeckt zu werden. *Tgl. 8–18 Uhr | ⏱ 0,25 h | 🗺 K5*

5 TEGALLALANG

8 km / 15 Min. von Ubud mit dem Roller

Nördlich von Ubud findest du die vielleicht fotogensten Reisterrassen Balis. Ihre Beliebtheit hat das einst so idyllische Dorf in eine Meile aus Viewpoints, Cafés, Parkplätzen und Souvenirläden verwandelt, sodass du vielleicht nur schnell dein Foto machen und weiterfahren willst. Besonders beliebt sind die riesigen „Instagram-Schaukeln" namens *Terrace River Pool Swing.* Kommst du allerdings früh morgens und wanderst etwas in die Terrassenlandschaft hinein, kannst du Landschaft und Atmosphäre ungestört genießen. *Tgl. 7–18 Uhr | Eintritt 10 000 Rp. | ⏱ 0,25 h | 🗺 K4*

INSIDER-TIPP
Der frühe Vogel …

6 GUNUNG KAWI 🚩

20 km / 30 Min. von Ubud mit dem Auto

In dem idyllischen Tal nördlich von Ubud führt dich eine Treppe mit fast 300 Stufen zu neun 7 m hohen Felsnischen mit gemeißelten Schreinen, die vermutlich aus dem 11. Jh. stammen. Dahinter werden die Gräber des Königs Anak Wungsu und seiner Familie vermutet. Der Legende nach kratzte der Riese Kebo Iwa die Ruhestätten aus dem Felsen. Die ausladenden Banyanbäume, die nahen Reisterrassen und die Gewissheit, dass nur die wenigsten Reisegruppen den schweißtreibenden Ab- und Aufstieg in Angriff nehmen, machen Gunung Kawi zu einem Ort, an dem es dir gefallen wird. *Tgl. 8–17 Uhr | Eintritt 50 000 Rp. | ⏱ 1 h | 🗺 K4*

7 TIRTA EMPUL 🚩

21 km / 30 Min. von Ubud mit dem Roller

Nur gut einen Kilometer nördlich von Gunung Kawi findest du dich im Gewusel der Besuchermassen wieder.

Mehr noch als Touristen sind es ausnahmsweise Balinesen, die zu Tausenden zu den heiligen Quellen pilgern – und das seit mehr als tausend Jahren. Im Zentrum des weitläufigen Tempelkomplexes sprudelt klares Wasser, dem der Hindu-Gott Indra magische Kräfte verliehen haben soll, aus zwölf Speiern in das Hauptbecken, in denen die Gläubigen baden und sich Wasser zum Mitnehmen abfüllen.

INSIDER-TIPP
Showers of Blessing

==Tu es den Gläubigen gleich, miete dir Badesarong und Schließfach und tauch nach einer kleinen Opfergabe (ca. 10 000 Rp.) ins heilige Nass.== Achtung: Die beiden rechten Speier sind tabu! Tgl. 8–17 Uhr | Eintritt 50 000 Rp. | ⏱ 1 h | ⌑ K4

⑧ GUNUNG BATUR ★

40 km / 1 Std. von Ubud mit dem Auto

Um den Sonnenaufgang auf dem Gipfel des Gunung Batur (1717 m) zu erleben, heißt es früh aufstehen und im Dunkeln rund zwei Stunden lang einen steinigen Pfad erklimmen. Doch es lohnt sich, denn der Blick über die schroffe Vulkanlandschaft und die weite Caldera ist atemberaubend! Informier dich aber vorher über das Wetter, denn ein wolkenverhangener Berg bietet logischerweise null Aussicht. Touren organisieren z. B. *Bali Budaya Tours (Tel. 0361 97 55 57 | baliecocycling.com).*
Weniger anstrengend, aber nicht minder beeindruckend ist der Blick von *Penelokan* auf den Kratersee *Danau Batur,* mit 8 km Länge der größte See Balis. An seinen Ufern kannst du

im Anschluss an die Bergbesteigung deine müden Knochen in den *heißen Quellen* bei Toyabungkah regenerieren lassen, allerdings wurden einige von ihnen zu regelrechten Badelandschaften mit „Lakefront-Pools" hochgetunt. Die 🐷 *Segara Healing Bali Natural Hot Spring (50 000 Rp.)* am nördlichen Westufer dagegen ist relativ günstig und noch nicht so zugebaut wie z. B. die *Batur Natural Hot Spring* weiter südlich. ⌑ L2

LOVINA

(⌑ G1–2) **Der wichtigste Touri-Ort der Nordküste ist deutlich geruhsamer als seine Pendants im Süden. Klar, der vulkanische dunkle Sandstrand ist nicht ganz so schön wie die dortigen Strände, dafür hat man seine Ruhe und gute Chancen, Delphine zu sichten.**

Wer bei Lovina an Liebe denkt, liegt gar nicht so falsch, denn inspiriert von den Hippies, die in den 1970er-Jahren Bali entdeckten, benannte der letzte Fürst von Buleleng diesen 6 km langen Küstenstreifen, der sich über mehrere Dörfer erstreckt. Die größte Attraktion sind die Delphine: Zum Sonnenaufgang fahren kleine Auslegerboote die Küste auf und ab, um den Touristen die Meeressäuger zu zeigen, die sich hier tummeln. Manchmal artet das leider zur Treibjagd aus. Da Lovina schon bessere Tage erlebt hat, wirken viele Hotels und Strandabschnitte vernachlässigt und mitunter wirst du von Guides belagert, die Arbeit suchen. Andererseits entstanden an den Hängen der nahen Berge Resorts für einen abgeschiedenen Wellness-, Yoga- und Meditationsurlaub.

ESSEN & TRINKEN

AKAR CAFE
Klein, fein und in jeder Hinsicht grün: leckere vegetarische Küche, Bioprodukte und Vermittlung von Yogakursen in mintgrünem Dekor. *Tgl. | Jl. Pantai Binaria | Tel. 0362 34 35 36 | €–€€*

BAKERY LOVINA
Hier gibt es Frühstück mit Müsli, Vollkornbrot, Wurst und Käse sowie eine gute Weinauswahl und die beste Pizza im Norden Balis. Dafür must du, was das Ambiente angeht, ein Auge zudrücken. *Tgl. | Jl. Raya Lovina | Tel. 0362 4 22 25 | €€*

WELLNESS

Im *Cambodja Spa (Jl. Yudistira | Tel. 0818 05 52 04 23 | cambodja-spa. com)* kannst du dich nach allen Regeln der Kunst stundenlang durchkneten, abschrubben und verwöhnen lassen, ohne allzu tief in die Tasche greifen zu müssen.

RUND UM LOVINA

🡢 BANJAR
10 km / 15 Min. von Lovina mit dem Auto
Ob ein Bad in den 37 Grad heißen Quellen *(Air Panas | tgl. 8–18 Uhr | Eintritt 10 000 Rp.)* bei 30 Grad im Schatten noch wohltuend ist, muss je-

Delphine: für viele *der* Grund, nach Lovina zu fahren

Kuren auf Indonesisch: Baden in den heißen Schwefelquellen von Banjar

der für sich entscheiden, aber schau dir südöstlich von Banjar das *Brahmavihara Arama (tgl. 9–18 Uhr | Eintritt 20 000 Rp. | brahmaviharaarama.com)* an, ein buddhistisches Kloster. Über mehrere Stufen zieht sich sein idyllischer Garten mit Gebetshallen und den glockenförmigen *stupas* den Hang hin- auf: Hier kannst du ungestört meditieren und von ganz oben den Blick bis zum Meer genießen. Das Kloster bietet auch mehrtägige Meditationsaufent- halte. ▥ *F2*

INSIDER-TIPP
Ommm...

⑩ HATTEN WINES VINEYARD

33 km / 30 Min. von Lovina mit dem Auto

Wenn du dich für Wein interessierst, solltest du das *Welcome Center & Ob-*servation Deck* von Hatten Wines be- suchen. Hier werden Besucher über das 45 ha große Weinanbaugebiet geführt und in die Herstellung einge- weiht, auch Verkostungen sind mög- lich – am besten vorher anrufen. An- gebaut werden die Rebsorten Belgia, Alphonse-Lavallée, Frankenthaler und neuerdings auch Shiraz/Syrah. Gekel- tert wird der gute Tropfen allerdings in Sanur. *Mo–Sa 10–16.30 Uhr | Sangga- langit | Tel. 0812 39 64 50 77 | hatten wines.com |* ⊙ *1 h |* ▥ *D2*

⑪ SINGARAJA

10 km / 10 Min. von Lovina mit dem Auto

Ausgehend von der alten Hauptstadt östlich von Lovina etablierten die Nie- derländer ihre Herrschaft. Du kannst im alten Palast *Puri Agung (tgl*

8–17 Uhr | Eintritt gegen Spende | Jl. Mayor Metra 12 | ⏱ 0,25 h) einige Bilder der Herrscherfamilie, deren Nachfahren immer noch hier wohnen, ansehen oder im *Museum Buleleng (Mo–Sa 8–16 Uhr | Eintritt 10 000 Rp. | Jl. Veteran 23 | ⏱ 0,25 h)* etwa 200 m nördlich die Geschichte der Region und das Leben des letzten Königs nachlesen – hast aber andernfalls auch nichts verpasst. 🚗 *H1*

🔟 GITGIT-WASSERFÄLLE

10 km / 20 Min. von Lovina mit dem Auto

Südlich von Singaraja stürzt unweit der Straße eine Reihe von Wasserfällen in einigen Abständen bis zu 40 m in die Tiefe. Betonierte Wege führen von den Parkplätzen in jeweils 5–10 Minuten vorbei an Verkaufsständen und Obstbäumen zu den Kaskaden. In den natürlichen Pools einiger Wasserfälle kannst du baden, z. B. am *Twin Waterfall*. Lass dir am Eingang keinen Guide aufdrängen, du findest den Weg auch so und kannst die 150 000–200 000 Rp. besser ausgeben. *Tgl. 8–17 Uhr | Eintritt 10 000–20 000 Rp. |* 🚗 *H2*

🔟 DANAU BUYAN UND DANAU TAMBLINGAN ⭐

17 km / 30 Min. von Lovina mit dem Auto

Der Buyan- und der Tamblingan-See südöstlich von Lovina bildeten einst einen einzigen großen Kratersee. Heute kannst du am nördlichen Rand gemütlich an Kaffeeplantagen vorbeifahren, die Aussicht genießen und vom südlichen Ufer des Tamblingan-Sees in 1½–2 Stunden ins beschauli-

che *Munduk* wandern, das wunderschön zwischen Bergwäldern, Obstplantagen, Reis- und Tabakfeldern liegt. Ein Pfad 2 km östlich von Munduk führt zu einem Wasserfall. Um die Natur länger zu genießen, kannst du hier auch übernachten. 🚗 *H2*

🔟 DANAU BRATAN

31 km / 40 Min. von Lovina mit dem Auto

Ein weiterer See südöstlich von Lovina, an dessen Ufer sich der märchenhafte *Pura Ulun Danu Bratan (tgl. 7–19 Uhr | Eintritt 50 000 Rp. | ⏱ 0,5 h)* aus dem 17. Jh. schmiegt. Er ist einer der wichtigsten Tempel auf Bali. Hinter einem schönen Garten liegt auf einer kleinen Insel der elfstufige Schrein, der der Seegöttin geweiht ist. In zahlreichen Zeremonien bitten die Balinesen hier um ausreichend Wasser für ihre Felder. Wenn der Wasserstand es zulässt und sich der elfstufige Meru im See spiegelt, schießt du das beste Foto vom Ufer weiter südlich. 🚗 *E3–4*

INSIDER-TIPP
Spiegeleffekt

🔟 BOTANISCHER GARTEN

33 km / 40 Min. von Lovina mit dem Auto

Gut 3 km westlich vom Bratan-Tempel, in Candikuning, kannst du mit deinem Fahrzeug eine Runde oder zwei durch den 154 ha großen *Kebun Raya Eka Karya (tgl. 7–18 Uhr | Eintritt 7000 Rp., Auto 12 000 Rp. | ⏱ 1 h)* drehen. Seine Straßen führen dich zu Orchideen-, Kakteen- und Rosengärten und vorbei an den unterschiedlichsten Baumarten. Wenn du dich auf

Tauchern eröffnen sich an Balis Nordwestküste bizarre Unterwasserwelten

durch die Bäume zu hangeln, ganz egal, ob Kleinkind oder Adrenalinjunkie. Beruhigend: Der Sicherheitsstandard entspricht europäischen Vorschriften. *H3*

PEMUTERAN

(C2) **Der geruhsame Ort liegt am Rande des Nationalparks von Westbali und ist idealer Ausgangspunkt zum Schnorcheln und Tauchen vor Pulau Menjangan.**

Am Strand haben sich Resorts mit Rundumservice angesiedelt, südlich der Straße kannst du in preiswerten Gästehäusern absteigen. Auch an Restaurants, Tauchzentren und organisierten Touren bis nach Ostjava mangelt es nicht. Das Tauchzentrum *Reef Seen Aquatics* betreibt zudem eine *Schildkrötenstation (tgl. 9–17 Uhr | Eintritt gegen Spende | reefseen.com)*, wo du, wenn du zur richtigen Zeit an Ort und Stelle bist, vormittags sogar Babyschildkröten freilassen kannst.

Sehr erfolgreich ist das langjährige Biorock-Projekt zur Besiedelung künstlicher Korallenriffe vor Pemuteran. Bestimmt entdeckst du beim Schnorcheln oder Tauchen einige der überwucherten Gerüste. An den Metallstreben sorgt bzw. sorgte ein schwacher Gleichstrom für ein vielfach schnelleres Wachstum der Korallen Auch andere Strukturen dienen den empfindlichen Tieren als Grundlage: Im *Temple Garden* tauchst du

dem Markt von Candikuning mit Obst und Snacks versorgt hast, musst du dir hier nur noch den allerschönsten Picknickplatz aussuchen.

Auf dem Gelände hast du auch Gelegenheit, dich im *Bali Treetop Adventure Park (tgl. 9.30–18 Uhr | Eintritt 22–28 US-$, Kinder bis 12 J. 14–18 US-$ | balitreetop.com)* mit sieben Schwierigkeitsgraden wie ein Affe

INSIDER-TIPP
Zwischen Heiligtümen abtauchen

auf 15–30 m Tiefe zwischen Buddha- und Ganeshastatuen sowie buddhistischen *stupas*, bevölkert von Korallen und Fischen!

ESSEN & TRINKEN

BALI BALANCE

Innen oder an den Tischen im Garten bekommst du selbst gebackenes Vollkornbrot und leckere Kuchen, frische Säfte und Salate. *Tgl. bis 19 Uhr | Jl. Raya Singaraja-Gilimanuk | Tel. 0853 37 45 54 54 | Facebook | €–€€*

RUND UM PEMUTERAN

16 PULAU MENJANGAN ★

45 Min. von Pemuteran mit dem Boot
Die Insel am Nordwestzipfel des Nationalparks liegt quasi in Spuckweite zu Java und gilt als bestes Tauchrevier des Westens. Auf erfahrene Taucher warten steil abfallende Riffe und ein Schiffswrack. Doch auch Anfänger sowie Schnorchler dürfen sich dank des Korallenschutzprojekts auch in Strandnähe auf eine bunte Unterwasserwelt freuen.

Obwohl Pulau Menjangan nicht bewohnt ist, stehen dort Tempel, etwa der *Pura Sang Hyang Siwa Pasupati* mit seiner gewaltigen Ganeshafigur. Ansonsten ist der Landgang nicht spektakulär, denn weite Teile der Insel sind die meiste Zeit des Jahres knochentrocken. Hin gelangst du im Rahmen organisierter Touren mit Booten, die am Pura Sakti Pejarakan (Labuhan Lalang) starten, wo auch der Nationalparkeintritt fällig wird. Deine Unterkunft in Pemuteran kümmert sich um alles, oder du buchst den Inselausflug bei einem Touranbieter. *Tgl. 8–17 Uhr | Eintritt 200 000 Rp, So und feiertags 300 000 Rp. | ⏱ 3 h | ▥ B1*

SCHÖNER SCHLAFEN IN ZENTRAL- UND NORDBALI

KUNST …

Das Gebäude, in dem sich das *Tjampuhan Hotel (67 Zi. | Jl. Raya Campuan | Ubud | Tel. 0361 97 53 68 | tjampuhan-bali.com | €€€)* befindet, war mal das Haus des Malers Walter Spies. Hier wohnst du elegant und mit Blick ins Grüne, zwei Pools, einem luxuriösen Spa und einem edlen Restaurant. Mehr geht nicht, auch was die Kunst angeht: In der *Walter-Spies-Lounge* schmücken Originale des Malers die Wände.

… ODER NATUR?

Wenn du den Gunung Batukaru näher erkunden willst oder einfach ein naturnahes Getaway mit Garten und Spa suchst, bist du in der *Sarinbuana Eco Lodge (5 Bungalows | Jl. Arjuna | Sarinbuana | Tel. 0813 39 02 88 39 | baliecolodge.com | €€)* goldrichtig. Sie ist auch eine gute Adresse, wenn du dich für kunsthandwerkliche Workshops, Yoga-Retreats, Birdwatching oder leichte Wanderungen begeisterst.

OSTBALI

GIPFEL UND TAUCHGRÜNDE

Die Ostküste wartet zwar auch mit dem einen oder anderen netten Strand auf, ist aber vielmehr als Tauchdestination bekannt.

Das üppig grüne Hinterland dominieren der majestätische Gunung Agung und seine tief nach Süden auslaufenden, fruchtbaren Hänge, an denen die Reisterrassen sanft herabzufließen und kleine Flüsse wie für dich hingemalt scheinen. Es macht Spaß, bei Tagestouren von der Küste aus durch grüne Täler zu fahren, authentische Eindrü-

Über dem fruchtbaren Hinterland wacht der Gunung Agung, der Wohnsitz der Götter

cke vom Dorfleben mitzunehmen und die kleinen, ländlichen Paläste rund um Amlapura zu entdecken.

Ganz anders ist die Atmosphäre auf den Nusa-Inseln, die bei Surfern, Instagrammern, versierten Tauchern und Backpackern hoch im Kurs stehen. Hier wird es in der Saison sehr heiß und trocken und die Wellen branden im Westen schroff gegen Steilklippen, während andernorts Mangroven und flache Strände die Küste säumen.

OSTBALI

INDONESIA

Besaki

Selat

Tampak Siring

Bangli

38 km, 1 Std.

Ubud

Pejeng

Blahkiuh

Klungkung (Semarapura) 7

Gianyar

Goa Lawah 6

Blahbatuh

Bali

Sukawati

Batubulan

Denpasar

Selat Badung

Sanur

Nusa Lembongan ★

S. 90

Dream Beach

Nusa Ceningan 8

Kelingking Beach

SAMUDERA
INDONESIA

Nusa Dua

Gunung Agung

Amed
S. 84

33 km, 1 Std.

Abang

Gunung Sereya

2 Tirtagangga

Bebandem

3 Amlapura

4 Ujung-Wasserpalast

5 Tenganan

Candidasa
S. 87

Padang Bai
S. 88

White Sand Beach

16 km, 1 Std.

Selat Lombok

Sampalan

Nusa Penida
S. 92

Batumadeg

Tanglad

N u s a
P e n i d a

MARCO POLO HIGHLIGHTS

★ **TENGANAN**
Erlebe Kultur und Alltag der
balinesischen Ureinwohner
➤ S. 88

★ **TIRTAGANGGA**
Stippvisite mit Bad in den fürstlichen
Wassergärten ➤ S. 86

★ **NUSA LEMBONGAN**
Auf der Insel geht viel mehr als surfen,
tauchen, Roller fahren ➤ S. 90

★ **AMED**
Die schönsten Tauchgründe und
Schnorchelreviere liegen direkt vor der
Haustür ➤ S. 84

4 km
2.49 mi

AMED

(💷 N3) **Einst das Armenhaus der Insel hat sich der Küstenabschnitt um das Fischerdorf ⭐ Amed längst zum Ziel für Taucher und all die Urlauber gewandelt, die Ruhe vor dem Rummel der Touristenzentren suchen.**

Entlang der schmalen Straße durch die Orte Jemeluk, Bunutan, Lipah und Selang, die unter „Amed" zusammengefasst werden, reihen sich familiäre Gästehäuser, lauschige Boutiqueresorts und Bungalowanlagen mit Meerblick. Die meisten liegen hoch auf den Klippen oder laden am dunkelsandigen Strand zum Schnorcheln ein. Denn unter Wasser erblüht das Leben in den schillerndsten Farben und Formen. In der Bucht von Jemeluk kannst du an einem 5 m tief im Meer versenkten Briefkasten sogar Urlaubsgrüße absenden. Wasserfeste Karten kaufst du im Laden an Land. Shoppinggelegenheiten oder Nachtleben gibt es dagegen kaum.

INSIDER-TIPP
Post von ganz unten

Praktisch: Von Amed aus hast du mit Schnellbooten *(freebird-express.com)* die kürzeste Überfahrt auf die Gilis und nach Lombok (60 Min.).

ESSEN & TRINKEN

WARUNG CELAGI

Mit den frisch zubereiteten balinesischen und europäischen Gerichten, Seafood und Desserts machst du in diesem einfachen Strandrestaurant nichts verkehrt. *Tgl.* | *Jemeluk* | *Tel. 0859 35 02 66 19* | €

GREEN LEAF CAFE

In dem luftigen Hangout mit Kissen und Tischen am Boden triffst du auf Backpacker, Taucher und Yogis. Zwischen die Kiemen kriegst du u. a. Frühstück, vegetarische und vegane Hauptgerichte sowie gute Tees und Säfte. *Tgl. bis 18.30 Uhr* | *Amed* | *Tel. 0812 38 26 73 56* | *Facebook: Green LeafCafeAmed* | €–€€

SPORT & SPASS

In den meisten Buchten kannst du direkt vom Ufer aus schnorcheln und tauchen, am besten in *Jemeluk* und *Lipah.* Zwischen den Skulpturengärten der britischen Marine Foundation und anderer NGOs stößt du auf Apsara-Nymphen, Schatztruhen, einen balinesischen Barong-Löwen und andere Unterwassergestalten. Vor *Tulamben,* etwa 20 Fahrminuten nordwestlich, finden Taucher eine spektakuläre Korallenwand sowie das Wrack eines amerikanischen Versorgungsschiffs aus dem Zweiten Weltkrieg. Da sie direkt vor der Küste liegt und wenige Meter unter der Wasseroberfläche endet, ist die „USAT Liberty" einer der leichtesten Wreck-Dives der Welt. Nur fünf Minuten mit dem Boot, und du tauchst am *Boga Shipwreck,* in dessen Umgebung du u. a. einen versenkten VW-Kübelwagen findest. Kurse und Touren bieten u. a. *Jukung Dive (Amed* | *Tel. 0363 2 34 69* | *jukungdive bali.com)* oder *Eco Dive (Jemeluk* | *Tel. 0363 2 34 82* | *ecodivebali.com).*

Vor Ameds Küste erwartet Taucher ein tropisches Unterwasserparadies

RUND UM AMED

1 GUNUNG AGUNG

44 km / 1 Std. 30 Min. von Amed mit dem Auto

Auf der meist wolkenverhüllten Spitze des majestätischen „Großen Bergs" (3142 m) wohnen nach balinesischem Glauben die Götter. Wenn der aktive Vulkan es erlaubt, sind schweißtreibende Trekkingtouren zum Gipfel möglich.

Die Götter bewiesen 1963 ihren Unmut, als bei einem Ausbruch des Vulkans weite Teile Ostbalis verheert wurden. Auch 2017 war der Vulkan wieder bedrohlich aktiv und steht seitdem unter ständiger Beobachtung mit wechselnden Warnstufen. Der anstrengende Aufstieg zum 700 m breiten Krater ist von Besakih (ca. 6 Std., für erfahrene Bergsteiger) oder vom Pura Pasar Agung (ca. 4 Std.) möglich, aber nur mit Führer (z. B. von *balitrek kingtour.com*), denn man verirrt sich leicht!

An der Flanke des Bergs liegt auf fast 1000 m der *Pura Besakih (tgl. 8–17 Uhr | Eintritt 60 000 Rp. inkl. Sarong | ⏱ 0,75 h),* der „Muttertempel". Das größte und wichtigste Heiligtum der Insel wurde im 11. Jh. begründet und besteht aus 23 Tempeln und mehr als zweihundert Bauten. Den vielen Tempeln und Schreinen verdankt Pura Besakih seinen regen Festkalender mit rund 70 Zeremonien pro Jahr! Herzstück ist der *Pura Penataran Agung* mit einem Lotosthron für Shiva. Ein Besuch lohnt sich nur mit einem guten Führer, da der lange Weg vom Parkplatz zur Tempelanlage zum Spießrutenlauf vorbei an aufdringlichen Ver-

Einst königliches Refugium, heute beliebtes Ausflugsziel: der Ujung-Wasserpalast

käufern werden kann. Einige Führer bieten sich am Eingang an und erwarten nach der (eigentlich im Preis enthaltenen) Tour ein Trinkgeld (10 000 Rp.). *M–N 3–4*

2 TIRTAGANGGA ★

15 km / 20 Min. von Amed mit dem Auto

Inmitten von Reisterrassen sprudeln südwestlich von Amed die heiligen Quellen von Tirtagangga ("heiliges Wasser des Ganges"), um die der letzte König von Karangasem 1948 einen Park anlegen ließ. Auf drei Ebenen plätschern mehrere Pools mit kunstvoll gemeißelten Wasserspeiern und Statuen in einem üppigen Garten. In zwei der Pools kannst du gegen eine Extragebühr *(10 000 Rp.)* sogar baden. *Tgl. 7–18 Uhr | Eintritt 40 000 Rp. | 0,5 h | N4*

3 AMLAPURA

22 km / 30 Min. von Amed mit dem Auto

Das Zentrum des einst mächtigen Karangasem-Reichs ist heute eine schnöde Bezirkshauptstadt mit 82 000 Einwohnern. Zum Übernachten ist es rund um das 7 km entfernte Tirtagangga viel schöner, aber der Königspalast *Puri Agung (tgl. 8–17 Uhr | Eintritt 10 000 Rp. | Jl. Teuku Umar | 0,5 h)* im balinesischen Kolonialstil lohnt den Weg. Das Geschenk der niederländischen Besatzer ist gut erhalten, doch erwarte keinen verschwenderischen Prunk. Du siehst hier eine Reihe von herrschaftlichen Villen mit kunstvollen Verzierungen, kostbaren alten Möbelstücken, den schönen Lotosteich sowie Fotos vom letzten Herrscher und seiner vielköpfigen Familie. *N4*

4 UJUNG-WASSERPALAST

26 km / 40 Min. von Amed mit dem Auto

Der König von Karangasem ließ 1921 den *Taman Soekasada Ujung (tgl. 8–17 Uhr | Eintritt 50 000 Rp. | 0,5 h)* südlich von Amlapura als Familienresidenz erbauen. Es macht Spaß, an den schwimmenden Pavillons vorbei durch den Garten mit Blick auf den Gunung Agung zu spazieren, und anders als am überlaufenen Tirtagangga sind kaum Touristen hier. **Von Ujung führt eine kurvige und kaum befahrene Küstenstraße etwa 25 km um den Gunung Seraya bis nach Amed zurück.** *N4*

INSIDER-TIPP
Auf Abwegen

CANDIDASA

(N5) **Der Reiz von Candidasa erschließt sich nicht jedem auf den ersten Blick. Doch wer sich ein bisschen länger in dem ehemaligen Fischerdorf (ca. 20 000 Ew.) aufhält, bemerkt das Fehlen der dynamischen Schnelllebigkeit und spürt vielleicht noch die Vibes des „alten Balis", die den Ort bei Travellern im mittleren und fortgeschrittenen Alter beliebt machen.**

Im Zug des Touristenbooms in den 1970er-Jahren wurden die Korallenriffe vor der Küste als Baumaterial abgetragen – eine Dekade später hatte die Brandung den Strand komplett zerstört. Heute schützen hässliche Betonwälle vor weiterer Erosion. Der Ortskern ist ziemlich zugebaut, aber

östlich und westlich davon stößt man auf Bungalowanlagen in Palmenhainen und wunderschöne Strände.

ESSEN & TRINKEN

VINCENT'S

Gemütliche Restaurantbar mit internationaler Küche sowie einer guten Cocktail- und Weinauswahl. Jeden Donnerstag jammen zwischen 18 und 21 Uhr wechselnde Jazzmusiker, montags spielt ein Pianist – eine Abwechslung zur verbreiteten Gamelan- und Top-40-Beschallung. *Tgl. | Jl. Raya Candidasa | Tel. 0363 4 13 68 | vincents bali.com | €€*

STRÄNDE

Direkt im Osten der Hauptstraße ist der Strand eher schmal, doch je weiter es nach Westen geht, desto großzügiger werden die Sandstreifen. Sehr beliebt ist der unbebaute Strand *Pasir Putih* („weißer Sand"): Etwa 5 km nordöstlich von Candidasa führt eine holperige Straße zu einem von Felsen eingerahmten Sandstreifen mit kristallklarem Wasser. Ab mittags wird es dort allerdings sehr voll.

WELLNESS

Wenn es etwas mehr sein darf, als die 08/15-Salons entlang der Hauptstraße, dann reservier deine Massage oder andere Anwendungen im *Ocean Spa (Tel. 0363 4 12 34 | short.travel/ bal15)* des Candi Beach Resort, wo du mit Meerblick in der Badewanne dein Blütenbad genießt oder dich professionell durchkneten lässt. Oder du nimmst eine private Yogastunde – auf der Dachterrasse mit Rundumblick.

RUND UM CANDIDASA

5 TENGANAN ⭐ 🏴

3 km / 5 Min. von Candidasa mit dem Roller

Wenn du bei „Ureinwohner Balis" an naturverbundene Waldnomaden denkst: Fehlanzeige. Die Bali Aga leben als Bauern in streng traditionell geregelten und sozial nach außen abgegrenzten Dorfgemeinschaften. Einzig Tenganan nördlich von Candidasa hat sich dem Tourismus geöffnet, und du kannst es gegen eine Spende besichtigen. Die Bewohner verkaufen Korbwaren, kunstvoll bemalte Eier und andere Souvenirs. Handlich und preiswert sind die astrologischen Manuskripte auf den harten Blättern der Lontarpalme. Nur noch wenige Frauen können 🏴 *Geringsing*-Stoffe weben, deren Muster komplizierte Rechnerei und Jahre in der Herstellung benötigen und magisch wirken sollen. Frag im Souvenirladen danach! *Tgl. 8–18 Uhr | 📖 N4–5*

INSIDER-TIPP
Zaubertuch

PADANG BAI

(📖 M5) **Für die meisten ist Padang Bai (20 000 Ew.) nur eine Durch-** **gangsstation auf dem Weg nach Lombok oder die Gilis. Doch dank der entspannten Atmosphäre, den günstigen Unterkünften sowie den Tauchmöglichkeiten verbringt mancher hier den ganzen Urlaub.** Mehrere Korallenriffe direkt vor der Küste sowie die Nähe zu Nusa Penida und Nusa Lembongan versprechen spektakuläre Begegnungen mit der bunten Unterwasserwelt.

ESSEN & TRINKEN

OZONE CAFE

In dieser langjährigen Institution trifft man sich zu kühlen Drinks, knuspriger Pizza und Livemusik. *Tgl. | Jl. Segara | Tel. 0812 36 17 16 20 | €*

SPORT & SPASS

Empfehlenswert sind die deutschen Tauchschulen *Paradise Diving Indonesia (Jl. Silayukti 9 Bi | Tel. 0811 39 35 15 | divingbali.de)* und *Water Worx (Jl. Silayukti | Tel. 0363 4 12 20 | waterworxbali.com).*

STRÄNDE

Schöne Strände zum Baden und Schnorcheln sind der *Blue Lagoon Beach* auf der anderen Seite des Hügels östlich des Hauptstrands sowie der kleine *Bias Tugal,* meist 🏝 *White Sand Beach (Eintritt 10 000 Rp.)* genannt, der über eine steile Straße am Hügel westlich vom Fährhafen in 15 Minuten zu erreichen ist. Vorsicht: Die Strömung kann dich hier schnell davonziehen!

RUND UM PADANG BAI

6 GOA LAWAH

5 km / 10 Min. von Padang Bai mit dem Roller

Westlich von Padang Bai liegt die „Fledermaushöhle" mit einem der sechs heiligsten Tempel Balis. Zur Abenddämmerung schwärmen die Fledermäuse mit ohrenbetäubendem Lärm aus der Höhle, die wie der Tempel mit einer dicken Schicht ihrer Exkremente bedeckt ist. *Tgl. 8–18 Uhr | Eintritt 10 000 Rp. | ⏱ 0,5 h | 🕮 M5*

7 KLUNGKUNG (SEMARAPURA)

16 km / 20 Min. von Padang Bai mit dem Roller

Das provinzielle Städtchen (57 000 Ew.) war einst Sitz der ersten Könige von Bali. Davon zeugen im *Taman Gili* noch ein Palasttor, der *Bale Kembang* („schwimmender Pavillon") und die alte Gerichtshalle *Kerta Gosa* mit ihren kunstvollen Deckenmalereien im *Wayang*-Stil. Unter den für manchen verstörenden Darstellungen von himmlischen Freuden und höllischen Strafen wurde bis weit ins 20. Jh. hinein Recht gesprochen.

Ein kleines *Museum* dokumentiert die Geschichte und das Alltagsleben, der Rest des Palasts wurde bei der niederländischen Eroberung 1908 zerstört. Das *Denkmal* vor dem Komplex erinnert daran, dass der Hofstaat damals Selbstmord beging, um der Kolonialisierung zu entgehen. Jeden Samstag gegen 11 Uhr wird auf dem Gelände der *Barong*-Tanz gezeigt, bei dem zwei Männer in die Maske eines Ungetüms

INSIDER-TIPP
Tanzendes Zottelviech

Zeit für ein Nickerchen bleibt in Tenganan trotz der Touristen immer …

Besonders schön ist der Blick auf Nusa Lembongan bei Sonnenuntergang

schlüpfen. *Tgl. 8–18 Uhr | Eintritt 50 000 Rp. | Jl. Puputan |* ⏱ *0,5 h |* 📖 *L5*

NUSA LEMBONGAN

(📖 *L–M 6–7*) **Die trockene** ⭐ **Insel, ca. 12 km östlich von Sanur und 15 km südwestlich von Padang Bai, ist eine Spielwiese für Taucher, Wellenreiter, Backpacker – und Investoren. Während sich die Unterkünfte vervielfachen, Surf- und Instagram-Tourismus ihren Einzug feiern, leben viele der rund 5000 Bewohner weiterhin vom Seegrasanbau.**

Lembongan zählt administrativ und geografisch zum Osten, der Tourismus gibt dir allerdings das Gefühl, wieder im Süden zu sein: Surfer knattern in Badehose und mit ihrem Brett auf dem Roller zu ihren Breaks, Australier kommen mit Kind und Kegel für ein verlängertes Wochenende, und große Katamarane laden Tagestouristen auf schwimmenden Badeinseln ab. Immerhin spielt sich der Trubel nur im Westen ab, der Osten gehört den Mangroven und der trockenen Wald- und Savannenlandschaft. Im Hauptdorf *Jungutbatu* findest du eine Arztpraxis, eine Post und einen Bankautomaten, der oft nicht funktioniert.

Sehenswürdigkeiten? Tempel gibt es schönere, und das im Dorf *Lembongan* gegrabene *unterirdische Haus (tgl. 8–17 Uhr | Eintritt 50000 Rp.)* ist kaum der Rede wert. Warum also Lembongan? Wegen der Gewässer und Küsten! Die Tauchspots sind fabelhaft, die Brandung an den Steilklippen lässt dir den Atem stocken, ein langes Riff im Nordwesten sorgt für anspruchsvolle Surfbreaks. Um die Insel zu erkunden, mietest du am besten ein Moped. Im Nordosten fahren dich Boote durch die Mangroven, während du im Süden nur wenige Fahrminuten von den Beachclubs und Fotospots allein auf weiter Flur stehst – mit nichts als Meeresrauschen und ab und an dem Geruch von Seetang. Seetang? Jawohl, an manchen Stellen trocknen ganze Algenteppiche in der Sonne und stinken buchstäblich zum Himmel, nachdem sie von Bauern auf den Feldern im Flachwasser der geschützten Buchten geerntet wurden. Dehydriert und auf dem Festland zu Pulver zermahlen, wandern die daraus gewonnenen Polysaccharide in Lebensmittel, Pharmaprodukte und Kosmetika. Letztere kommen auch beim „Seaweed Body Treatment" im *Harumaya Day Spa (harumayadayspa.com)* zur Anwendung, bei dem Abholung und Transport inklusive sind.

INSIDER-TIPP
Algenpackung

Du erreichst die Insel von Sanur aus mit der Fähre *(Mo–Sa 8 Uhr | 90 Min. | 100 000 Rp.)* oder in 30 Minuten mit dem Schnellboot *(ab 175 000 Rp. | lembonganfastboats.com)*. Auch von Padang Bai, Serangan und den Gilis *(gilitickets.com)* fahren Speedboote.

ESSEN & TRINKEN

THE BEACH CLUB @ SANDY BAY

Die kleine Bucht im Südosten ist perfekt, um mit einem Drink am Pool zu chillen oder für ein romantisches Abendessen am Strand. Abholservice. *Tgl. | Sandy Bay | Tel. 0878 62 27 47 80 | sandybaylembongan.com | €€€*

BLUE CORNER BAR

Zu Pubfood und Margaritas lässt du dich in blaue Sitzsäcke am Strand fallen. Statt Betonmauern schützen Pflanzen den Strandabschnitt vor Erosion durch die Brandung. Mittwochs ist Quizabend, manchmal gibt's Mottopartys und Musik vom DJ. *Tgl. | Blue Corner Beach | nördlich von Jungutbatu | Tel. 0877 61 37 77 18 | Facebook: BlueCornerBarLembongan | €*

SPORT & SPASS

Vor *Jungutbatu* gibt es drei populäre Surfspots – zur Freude der Strandbesucher, die so immer etwas zum Schauen haben. Hund, Heuschrecke und andere Asanas übst du in den Kursen von *Serenity Yoga (Puri Kirana Bungalows | Tel. 0812 38 49 91 41 | serenityyogalembongan.com)*.

Um *Nusa Ceningan* und *Nusa Penida* sind die Tauch- und Schnorchelmöglichkeiten exzellent. Kurse bieten u. a. *World Diving (Jungutbatu | Tel. 0812 3 90 06 86 | world-diving.com)* und *Big Fish (Jungutbatu | Tel. 0813 53 13 68 61 | bigfishdiving.com)*. Dabei stehen die Chancen gut, einen der urtümlichen Mondfische (Mola-Mola) zu sichten. Frag auch nach dem großen sitzenden Buddha, der umringt von kleinen Statuen und Stupas am Meeresboden meditiert.

INSIDER-TIPP
Tiefgründiger Buddha

STRÄNDE

Fahr am besten Richtung Südwesten zum *Coconut Beach* oder zur *Mushroom Bay*, die auch gut mit dem Boot erreichbar ist. Zur *Sandy Bay* und zum wildromantischen  *Dream Beach* gelangt man über holperige Straßen vom Dorf Lembongan aus. Hier krachen die Wellen schon deutlich stärker ans Ufer, sodass sich zum entspannten Planschen die Pools der örtlichen Beachclubs besser eignen, erst recht für Kinder.

RUND UM NUSA LEMBONGAN

8 NUSA CENINGAN

200 m / 1 Min. von Nusa Lembongan
Über eine schmale Brücke bringt dich ein Spaziergang auf die kleine Nachbarinsel. Hier siedelten sich die ersten Cafés und Resorts erst viel später als auf Nusa Lembongan an, entsprechend unerschlossen ist die Insel weitestgehend. Fahr an den Westzipfel zur *Blue Lagoon,* und du wirst mit einem spektakulären Blick auf den Ozean belohnt, dessen Brandung hier krachend in die Bucht rollt. Folg der Abzweigung zum gepflegten *Secret Beach*, der durch die *Villa Trevally (tgl. 8–20 Uhr)* zugänglich ist, sofern du im Strandbistro mit Pool etwas isst oder trinkst. *L–M7*

INSIDER-TIPP
Privatstrand

NUSA PENIDA

(*M–N 7–8*) **Lembongans große Nachbarinsel Nusa Penida galt bis vor Kurzem noch als Geheimtipp und ist vor allem für ihre erstklassigen Tauch- und Schnorchelgründe bekannt.**

Die meisten Balinesen meiden die Insel, denn der Legende nach lebt hier der böse Riese Jero Gede Mecaling. Ein- bis zweimal im Jahr, zum Tempelgeburtstag des *Pura Dalem Penataran Ped* in Toyapakeh, sollen Opfergaben den Dämon besänftigen. Zu ⚑ *Galungan* gibt es eine große Prozession zur *Goa Karangsari,* einer riesigen Höhle südlich vom Hauptort Sampalan.

Seine gegenwärtige Popularität verdankt „#Penida" aber Instagram-Spots wie *Angel's Billabong* mit dem benachbarten *Broken Beach,* wo das Meer fotogen in die zerklüftete Küste drückt, und weiter südöstlich dem kleinen 🐾 *Kelingking Beach,* der von einer steilen Felswand eingefasst ist. Tolle Ausblicke hast du auch von anderen Stellen entlang der schroffen Steilküste im Süden und Westen.

Dem zunehmenden Hype ist die marode Infrastruktur kaum gewachsen – Gästehäuser und Touranbieter vermehren sich schneller, als Straßen angelegt werden können. Von Nusa Lembongan setzen Fähren *(50 000 Rp.)* nach Toyapakeh über, Speedboote *(200 000 Rp. | u. a. bali fastboats.com)* pendeln zwischen Nusa Penida und Sanur.

ESSEN & TRINKEN

PAPILA'S COFFEE HOUSE

Bei Papila kriegst du den besten Kaffee weit und breit, angebaut in verschiedenen Regionen Indonesiens. Dazu Sandwiches, Donuts, aber auch Gerichte wie Pasta oder Pizza. Clever: Hier kannst du Strohhalme aus Bambus kaufen. *Tgl. | Jl. Nusa Indah 53 | Kutampi | Tel. 0877 61 22 46 51 | papilascoffee.com*

SPORT & SPASS

Die meisten betauchen die Spots vor Nusa Penida von Nusa Lembongan aus, aber wenn du eine lokale Basis bevorzugst, wende dich an *Blue Corner Dive (Jl. Raya Toyapakeh | Tel. 0813 39 60 11 48 | bluecornerdive.com)*, das von zwei Meeresbiologen auf Nusa Lembongan gemanagt wird und hier mit einer Filiale vertreten ist. Man legt großen Wert auf den Gewässerschutz und die Erforschung der marinen Fauna, auch die Ausbildung von Tauchneulingen ist fundiert.

STRÄNDE

Anders als an den Instagram-Spots Broken Beach und Kelingking Beach, die zum Baden nicht geeignet sind, kannst du in der strömungsgeschützten *Crystal Bay* im Westen im seichten Wasser planschen. Einfache Stände unter Palmen sorgen für Verpflegung und Sonnenschirme. Aber meide die Wochenenden – dann wimmelt es hier von asiatischen Ausflüglern, und es wird schnell überlaufen.

Aus stationären Netzen direkt vor der Küste wird der Fang mit kleinen Booten eingeholt

LOMBOK

INSEL DER KONTRASTE

Lange lag Lombok im Schatten der Nachbarinsel Bali, doch mittlerweile interessieren sich immer mehr Touristen für eine der vielfältigsten Inseln Indonesiens.

Sie erwarten – auch dank der Höhenlagen am Vulkan Rinjani, dessen Massiv die nördliche Hälfte einnimmt – nahezu alle Schattierungen einer tropischen Landschaft. Fruchtbare Reisterrassen, Palmen-, Bambushaine und Bergwälder ziehen sich die steilen Hänge hinauf – ein starker Kontrast zur trockenen Südküste.

In den Bergen Lomboks findet man noch vom Tourismus unberührte Dörfer

Aufeinander treffen nicht nur Regenwald und Savanne, sondern auch Religionen. Die Sasak sind konservative Muslime, die außerhalb der Touristenorte kaum Verständnis für Bikinis oder Alkohol aufbringen. Im dicht besiedelten Westen leben balinesische Hindus, die im 17. Jh. Lombok unterwarfen und Ende des 19. Jhs. selbst von den Niederländern bekämpft wurden. Nach Osten hin wird es nahezu untouristisch, ursprünglich und ja, auch ärmlich. Alles in allem also ein faszinierendes Ziel für Entdecker.

LOMBOK

Selat Lombok

Lombok

Nusa Gili

○ Tanjung

9 Autore Pearl Culture

10 Lombok Wildlife Park

Senggigi
S. 105
Batu Layar
8 Batu Bolong

20 km, 40 Min.

Gunungsari ○

5 Pura Lingsar
○ Lingsar

Mataram
S. 101

Narmada ○
Taman Narmada **6**

Labuapi ○
○ Kediri

Gunung Pengsong **2**
3 Banyumulek

○ Kuripan

Gerung ○

Sukarara ★

Layar Beach

Südliche Gilis
S. 100

○ Lembar

Praya Bara

Pelangan Barat ○

Sekotong ★
S. 100

○ Sekotong

Praya Barat Daya

Semenanjung Sekotong

Selong Belanak

18 km, 30 M

SAMUDERA INDONESIA

Laut Bali

Kuno-Moschee

Bayan

● **Senaru**
S. 108

12 Tiu-Kelep-Wasserfall
Sendang-Gila-Wasserfall

Sembalun

Sembelia

Danau Segara Anak

13 Gunung Rinjani ★

Gunung Rinjani
National Park

85 km, 2 ¼ Std.

I N D O N E S I A

Suela

Aikmel

Wanasaba

Pringgabaya

7 Tetebatu ★

Montong
Gading

Batukliang

Sikur

Masbagik

Suralaga

Kopang

Selong

Sakra

Praya Tengah

Sakra Barat

Keruak

raya

Mujur

Selat Alas

Jerowaru

Pujut

1 Sade und Rambitan ★

Kuta
.98

Tanjung Aan

Südküste ★

▲

10 km
6.21 mi

Nicht jeden Tag geht Kutas Fischern ein dicker Fang ins Netz

KUTA

(⃞ R9) **Im kargen Süden verstecken sich hinter einer hügeligen
Savannenlandschaft malerische
Buchten, die für Surfer und Beachbums perfekte Bedingungen bieten.**

Anders als der gleichnamige Ort auf
Bali ist Kuta Lombok noch eher ruhig –
doch wer weiß, wie lange noch? Zog
es anfangs vor allem Backpacker und
Surfer hierher, finden mittlerweile
auch Familien und Honeymooner den
Weg über karge Hügel und raue Klippen an die ★ *Südküste,* um in den
einsamen Buchten, wo blaues Meer
auf weißen Sand trifft, ein paar Tage
Strandurlaub zu machen.

Da Senggigi weitgehend zugebaut ist,
ziehen Investoren ihre Hotels und
Restaurants nun fleißig im Süden der
Insel hoch. Gegenwärtig befindet sich
Kuta in einer Übergangsphase, in der
die Filetgrundstücke verteilt, viele
Bauprojekte aber noch nicht realisiert
sind. Und es ist schon ein seltsames
Bild, wenn ein Bauer seine Büffelher-
de vorbei an teuren Villen und Bau-
stellen zu den wenigen Weideflächen
treibt, die unter der erbarmungslosen
Sonne in der Trockenzeit noch nicht
verödet sind.

Besonders schön ist
der Ort in der Abend-
dämmerung, wenn
die Krabben- und Tintenfischkutter
auslaufen und ihre Lampen die Bucht
in ein unwirkliches Licht tauchen.

ESSEN & TRINKEN

ASHTARI

Das populäre Restaurant mit Lounge-
atmosphäre liegt auf einem Hügel

westlich des Zentrums und bietet einen phantastischen Blick auf die Bucht. Gemütliche Liegekissen, eine Bücherecke und mediterrane Leckereien sorgen dafür, dass man meist länger bleibt als geplant. *Tgl. | Jl. Raya Kuta-Mawun | Tel. 0812 36 08 08 62 | ashtarilombok.com | €€–€€€*

GULA'S GARDEN BAR

Eine romantische Adresse, wo du im lauschigen Garten solide westliche Küche genießen und dich dabei von einem sehr freundlichen Service umsorgen lassen kannst. *Jl. Pariwisata | Tel. 0877 65 38 35 76 | gulasgarden kutalombok.com | €–€€*

SPORT & SPASS

Die bekanntesten Surfbuchten sind *Teluk Mawi* und *Selong Belanak* im Westen sowie *Gerupuk* und *Tanjung Aan* im Osten, und allesamt sind sie nur mit Roller oder Auto erreichbar. Bretter, Kurse und Touren dorthin sowie zu entfernteren Surfspots organisiert *Lombok School of Surf (Gerupuk | Tel. 0819 33 04 26 05 | lombokschool ofsurfing.com)*. Tauchkurse und Touren zu den wenig besuchten, aber spektakulären Tauchspots im Süden Lomboks buchst du bei *Scuba Froggy (Jl. Raya | Tel. 0878 64 54 14 02 | scuba froggy.com)*.

STRÄNDE

Der *Pantai Kuta* direkt im Ort hat eine schöne Promenade, lädt aber nicht so sehr zum Baden ein. Anders dagegen der Strand in der geschwungenen Bucht *Teluk Mawun,* 10 km westlich. Weiter Richtung Westen gelangst du vorbei am Surfstrand *Teluk Mawi* zur Bucht von 🏄 *Selong Belanak,* die zum Sonnenuntergang ein atemberaubendes Panorama bietet und auch gut zum Baden geeignet ist. Deinen Hunger stillst du in den Strandbistros oder im Restaurant *Laut Biru (tgl. | 0821 44 30 33 39 | sempiakvillas. com | €)*. Etwa 7 km östlich von Kuta liegt 🏄 *Tanjung Aan,* dessen geschützter Sandstrand auch ideal zum Baden und Schnorcheln ist, aber wenig Schatten bietet.

FESTE

Zum Vollmond im Februar/März kommen die Einheimischen an Kutas Stränden zum *Bau-Nyale-Fest* zusammen, um zwischen den Korallen die Nyale-Würmer zu fangen, die sie rösten und verspeisen – ein Fruchtbarkeitsritual, bei dem viel geflirtet wird.

RUND UM KUTA

🔳 SADE UND RAMBITAN ⭐ 🚩

6 km / 10 Min. von Kuta mit dem Roller
Nördlich von Kuta liegen das traditionelle Sasak-Dorf Sade und das kleinere Rambitan. Obwohl sie auf Touristen eingestellt und recht kommerziell sind, gibt es in dieser kompakten Form keinen besseren Einblick ins ursprüngliche Dorfleben. Beim geführten Rundgang siehst du Häuser aus

Lehm und Holz, die teils nur aus einem Raum bestehen und mit Gras gedeckt sind. Dazwischen stehen Reisspeicher, die mit ihren tief heruntergezogenen Dächern Modell für unzählige Bungalowresorts standen. Am Dorfeingang wird dir ein Führer zugewiesen, der dir etwas über die Sitten und Tabus der Sasak erzählen wird. Gib ihm etwas Geld für die Führung, aber nicht zu viel, denn es werden zusätzlich eine Spende für das Dorf und der Kauf von Souvenirs erwartet. ⏱ 0,5 h | 📖 R–S9

SEKOTONG UND SÜD- LICHE GILIS

(📖 P–Q 8–9) **Im Südwesten liegt die bergige ⭐ Sekotong-Halbinsel, zu der eine sich durch kleine Dörfer windende Straße führt. Vor der Nordküste Sekotongs kannst du auf mehr als einem Dutzend kleiner Inselchen mit tropischen Getaways urlauben.**

Die Südlichen, Kleinen oder Secret Gilis sind alles andere als geheim, aber mit ihren weißen Stränden, bunten Korallen und kristallklarem Wasser ein Paradies für Schnorchler und Taucher. Kleine Resorts an einsamen Buchten oder gar auf einsamen Inseln versprechen absolute Entschleunigung. Die meisten Inseln sind unbewohnt, nur auf *Gili Asahan* und *Gili Gede* findest du Dörfer, aber nichts,

was auf Massentourismus hindeutet. Von den Hügelkuppen auf *Gili Gede* hast du am späten Nachmittag einen fabelhaften Blick auf die bergige Halbinsel und die umliegenden Eilande. Die Menschen in dieser Region leben in sehr bescheidenen Verhältnissen von Landwirtschaft, Perlenzucht oder illegalem Goldschürfen. Auf Gili Gede operiert eine Perlenfarm. Es gibt nur wenige Einkaufsmöglichkeiten und oft nicht einmal ein Handysignal.

Um die kurze Überfahrt mit dem Boot (200 000–350 000 Rp.) ab Tembowong oder Labuhan Poh kümmert sich deine Unterkunft, die du unbedingt vorab buchen solltest – für die spontane Zimmersuche eignen sich die Inseln ganz und gar nicht.

ESSEN & TRINKEN

NAUTILUS
Rustikal und doch chic – hättest du gedacht, dass du an einem entlegenen Ort wie diesem ein stylisches Café-Restaurant mit erstklassiger italienischer Küche vorfindest? Du musst nicht in der Gili Asahan Eco Lodge wohnen um hier zu essen – schau einfach vorbei, z. B. während deiner Schnorcheltour mit dem Boot. *Tgl. | Gili Asahan Eco Lodge | Gili Asahan | Tel. 0813 39 60 47 79 | €€*

LE TANJUNGAN
Ita aus Sumatra und Alain aus Frankreich servieren in ihrem liebevoll gestalteten Restaurant mit entspannter Musik und feinem Sand auf dem Boden hervorragende indonesische Kü-

Auf dem Markt in Mataram decken sich vor allem Sasak-Frauen mit Vorräten ein

che. Als echte Minangkabau macht Ita das beste *rendang* weit und breit: ausgiebig in Kokosmilch und Gewürzen gekochtes Fleisch, quasi das indonesische Gulasch. *Tgl.* | *Südosten* | *Gili Gede* | *Tel. 0818 05 29 03 14* | *€*

SPORT & SPASS

Schnorcheltouren organisiert jede Unterkunft, professionelle Tauchausflüge und Kurse gibt es bei *Divezone* (*Tel. 0819 07 85 20 73* | *divezone-lombok.com*).

STRÄNDE

Viele der Inseln und Küstenabschnitte haben passable Sandstrände, einer der schönsten ist der ⚑ *Layar Beach* auf Gili Layar, wo du an der Ostseite auf Höhe der Unterkunft prima schnorcheln kannst.

MATARAM

(📖 Q7) **Lomboks Hauptstadt zählt knapp eine halbe Million Einwohner und ist ein Konglomerat aus vier Städten, die nun ineinander übergehen: die alte Hafenstadt Ampenan, das chinesisch geprägte Cakranegara, das Marktstädtchen Sweta und das von Regierung und Verwaltung dominierte Mataram.**
Es reicht völlig, wenn du die Stadt auf der Durchreise besuchst oder aus dem nahen Senggigi zum Essen und Einkaufen hierher fährst. Natürlich kannst du hier auch wohnen, wenn du typische Touristenorte eher meidest. Mataram ist ein wenig wie Denpasar: eine weitläufige, nicht sehr fußgängerfreundliche Stadt, in der du Atmosphäre schnuppern und über trubelige Märkte schlendern kannst.

SIGHTSEEING

TAMAN MAYURA

Balinesische Herrscher ließen 1744 den „schwimmenden Pavillon" in der Mitte eines Lotosteichs errichten. Er diente als Gerichtshalle und war Ende des 19. Jhs. Schauplatz einer großen Schlacht gegen die Niederländer. Leider wirken die Überreste der Anlage nicht sonderlich gepflegt. Interessant sind die architektonische Mischung aus hinduistischen und islamischen Elementen sowie die historische Bedeutung des Orts, die sich Laien jedoch nur mit Führer, der sich mit Glück am Eingang anbietet, erschließt. *Tgl. 8–17 Uhr | Eintritt 20 000 Rp. | Jl. Purbasari | Cakranegara | ⏱ 0,5 h*

PURA MERU

Ein balinesischer Prinz ließ 1720 den bis heute größten Hindutempel auf Lombok errichten. Der Weg ins Heiligtum führt durch zwei Vorhöfe in einen Innenhof mit 33 Heiligenschreinen. Drei verschieden hohe, in einer Reihe angeordnete Pagoden *(meru)* sind den hinduistischen Hauptgöttern Shiva, Brahma und Vishnu gewidmet. Richtig voll wird es hier zum Pujawali-Fest, das jedes Jahr zum Vollmond im Oktober stattfindet. *Tgl. 8–17 Uhr | Eintritt gegen Spende | Jl. Selaparang | Cakranegara | ⏱ 0,25 h*

MUSEUM NUSA TENGGARA BARAT 🕯 🐂

Das Provinzmuseum widmet sich Lombok und der Nachbarinsel Sumbawa. Zu sehen sind u. a. archäologische Funde, traditionelle Werkzeuge, Dolche, Textilien sowie Modelle und Texttafeln zur Geologie des Gunung Rinjani. Achte auf die urtümliche Kleidung aus Rinde und groben Pflanzenfasern, die hier vor Einführung der Baumwollstoffe getragen wurde. *Di–Do, Sa/So 8–15, Fr 8–11 Uhr | Eintritt 5000 Rp. | Jl. Panji Tilar Negara 6 | Mataram | ⏱ 0,5 h*

> **INSIDER-TIPP**
> **Das letzte Hemd**

WOHIN ZUERST?

Mataram Mall: Von der Mall in der Jl. Pejanggik sind es 1,2 km bis zum Pura Meru, nimm ein Taxi oder den öffentlichen Minibus. Gleich gegenüber liegt der Taman Mayura (Zugang auf der Westseite). Zum Mandalika-Busbahnhof sind es noch mal 3,2 km weiter in östliche Richtung. Willst du zum Museum Nusa Tenggara Barat fährst du von der Mall 4,5 km nach Westen, am besten durch die Jl. Sriwijaya.

ESSEN & TRINKEN

LESEHAN TALIWANG IRAMA 🚩

Das Restaurant ist bei den Einheimischen wegen seiner authentischen Sasak-Küche sehr beliebt, angeblich gibt es hier das beste *Taliwang*-Hühnchen Lomboks. *Tgl. | Jl. Ade Irma Suryiani | Gang Salam 6 | Cakranegara | Tel. 0370 62 31 63 | €*

ROEMAH LANGKO 🚩

Gediegener und mit breiterer Auswahl isst du in dem stimmungsvollen

Steinerner Bewacher mit traditionellem Kopfputz am Taman Mayura

Restaurant, das u. a. sonst kaum angebotene Sasak-Gerichte und Seafood serviert. *Tgl. | Jl. Langko 68 | Tel. 0370 63 00 80 | puteralombok.com | €€*

SHOPPEN

LOMBOK EPICENTRUM

Die erste Supermall der Insel beherbergt auf vier Stockwerken lokale und internationale Food- und Fashion-Outlets sowie ein Multiplexkino. *Jl. Sriwijaya | lombokepicentrum.com*

RUND UM MATARAM

② GUNUNG PENGSONG

6 km / 10 Min. von Mataram mit dem Roller

Auf einem Hügel südlich vom Zentrum hast du bei einem von frechen Affen bewohnten, verwunschen wirkenden Hindutempel aus dem 16. Jh. einen wunderschönen Rundblick über die von Reisfeldern bedeckte Ebene und bei klarer Sicht bis zum Gunung Rinjani. Besonders schön ist das warme Licht der Abend- oder Morgendämmerung, wobei der Sonnenaufgang fast noch besser ist. Um für eine glückliche Ernte zu beten, wird hier jedes Jahr im März/April ein Büffel geopfert. *Tgl. 7–18 Uhr | Eintritt gegen Spende | ⏱ 0,5 h | 🗺 Q8*

INSIDER-TIPP
Dämmerlicht

③ BANYUMULEK

7 km / 10 Min. von Mataram mit dem Auto

Tonkrüge und Schilder mit „Art Shop" am Straßenrand machen südöstlich von Mataram auf das Töpferdorf Banyumulek aufmerksam, dessen Tonwaren für ihr schlichtes Design berühmt sind und in die ganze Welt exportiert werden. Besonders bei den Krügen und Vasen sind richtige Schmuckstücke dabei. Wenn du morgens kommst und dich ein bisschen umhörst, kannst du zusehen, wie die Töpfer die Rohlinge brennen. ᗏ Q8

4 SUKARARA ⭐ 🐃

21 km / 30 Min. von Mataram mit dem Auto

Rund 10 km südöstlich von Banyumulek führt dich eine Abzweigung ins Weberdorf Sukarara. Hier fabrizieren die Frauen – mit Webrahmen auf den ausgestreckten Beinen vor ihren Häusern sitzend – kunstvoll gearbeitete Stoffe, die in den Läden von Händlern oder Kooperativen verkauft werden. Vor allem die mit Goldfäden durchwirkten *Songket*-Stoffe kaufst du in dieser Qualität nirgends günstiger.

INSIDER-TIPP
Wo die Webrahmen klappern

Bei Kooperativen wie *Patuh* oder *Abadi* bekommst du häufig noch eine Führung hinter das Haus, wo die Stoffe entstehen. ᗏ R8

5 PURA LINGSAR

7 km / 10 Min. von Mataram mit dem Auto

Etwas östlich des Zentrums stößt du südlich der Jl. Gora 2 auf eine 1714 errichtete Tempelanlage, in der Hindus genauso beten wie muslimische Wetu-Telu-Anhänger. Letztere hängen einer Mischreligion aus Islam, Animismus und Hinduismus an, die einst auf Lombok sehr verbreitet war, und verehren hier vulkanische Steine sowie heilige Aale. Es soll Glück bringen, diese Fische mit hart gekochten Eiern (vor Ort erhältlich) aus ihren Verstecken hervorzulocken –

INSIDER-TIPP
Glücksbringer

pro-bier's ruhig aus! Sobald die Regenzeit begonnen hat, kommt es hier zum spielerischen 🚩 *Perang Topat* (Krieg der Reispäckchen) zwischen Hindus und Sasak. *Tgl. 7–18 Uhr | Eintritt gegen Spende | ⏱ 0,5 h | ᗏ R7*

6 TAMAN NARMADA

11 km / 20 Min. von Mataram mit dem Auto

Ein gutes Stück östlich von Mataram erstreckt sich der Narmada-Park, den der balinesische König Anak Agung Gede Ngurah 1727 zu Ehren des Gotts Shiva anlegen ließ. Um den Tempel *Pura Kalasa* herum entstand ein Lustgarten, der dem Vulkan Rinjani nachempfunden ist: Der große Pool stellt den Kratersee dar. Praktisch, denn als der König zu alt wurde, um den Rinjani zu erklimmen, konnte er so weiterhin Opferrituale am geheiligten Wasser durchführen. Das öffentliche *Schwimmbecken (Fr geschl. | 5000 Rp.)* macht die weitläufige Anlage zu einem beliebten Wochenendziel für Städter. *Tgl. 7–18 Uhr | Eintritt 10 000 Rp. | ⏱ 0,5 h | ᗏ R7*

7 TETEBATU ⭐

37 km / 1 Std. von Mataram mit dem Auto

In einem Bambuspavillon mitten im Reisfeld die Beine baumeln lassen, am Wasserfall baden oder einfach schöne Spaziergänge unternehmen – hört sich gut an? Ist es auch! Kaum ein Ort überrascht so viele Traveller mit seiner ländlichen Idylle, gemütlichen

Gästehäusern und fabelhaften Wanderrouten und ist dabei so unbekannt geblieben wie Tetebatu. Das beschauliche Dorf auf 400 m Höhe inmitten von Reisterrassen und Tabakfeldern am südlichen Rand des Rinjani-Nationalparks war schon zu Kolonialzeiten wegen seiner herrlichen Lage und der milden Temperaturen als Ausflugsziel beliebt. Zugegeben, es kommen immer mehr Touristen, aber von Massentourismus ist Tetebatu noch weit entfernt. Der nahe *Affenwald* und Obstgärten, in denen auch Kaffee, Kakao, Vanille und Nelken wachsen, laden zu Spaziergängen ein, die auch an Reisterrassen vorbei zu kleinen Wasserfällen führen können. Am besten, du verbringst hier ein, zwei Nächte und buchst über deine Unterkunft einen Guide für 150 000 Rp., der dir den Weg zeigt und die Nutzpflanzen erklärt. ⌸ *S7*

SENGGIGI

(⌸ Q7) **Kaum zu glauben, dass Lomboks größte Touristenenklave (5000 Ew.) mal ein Fischerdorf war! Heute dehnt sie sich kilometerweit über mehrere schön geschwungene Buchten aus, wo weiße Sandstrände und schicke Resorts besonders Familien, Honeymooner und ältere Traveller anlocken.**

Backpacker, Tauch- und Partytouristen zieht es längst auf die Gilis, daher ist es in Senggigi – erst recht im Vergleich zu Balis Touristenzentren – wieder ruhiger geworden. Vor allem die gute Lage zwischen den Fährhäfen von Lembar und Bangsal, der Hauptstadt Mataram und den Gilis trug dazu bei, dass sich Senggigi zum bevorzugten Urlaubsort auf Lombok entwickelte. Von hier aus lässt sich die Insel

Mannshoch stehen die Tabakstauden auf den Feldern bei Tetebatu

Viele Familien leben in Senggigi vom Tourismus

problemlos über Land oder zu Wasser entdecken, und wenn dir der Trubel auf Gili Trawangan und Gili Air zu viel, Gili Meno dagegen zu ruhig ist, unternimmst du deine Ausflüge zum Schnorcheln oder Tauchen einfach von Senggigi aus.

ESSEN & TRINKEN

COCO BEACH

Rund 2,5 km nördlich vom Ortskern stehen unter Palmen am Strand die gemütlichen Sitzpavillons, in denen du dir solide Hausmannskost mit Zutaten aus dem eigenen Garten und erfrischende Drinks schmecken lässt. Ideal zum Relaxen! *Tgl. | Pantai Kerandangan | Pintu 2 | Tel. 0821 44 68 33 00 | €*

ASMARA

Ob Sasak-Spezialitäten, Pasta oder Steak: eines der besten Restaurants am Ort im klassischen Stil, das mit Kindermenü und einer Spielecke bei Familien punktet. *Tgl. | Jl. Raya Senggigi | Tel. 0370 69 36 19| asmaragroup.com | €€*

SQUARE

Das wohl schickste Restaurant in Senggigi liegt mitten im Zentrum und serviert dir in gediegenem Ambiente leckere indonesische und lomboktypische Kreationen von einem der besten Köche Lomboks. Auch die Weinauswahl kann sich sehen lassen. *Tgl. | Jl. Raya Senggigi, km 8 | Tel. 0877 65 29 48 66 | squarelombok.com | €€€*

TEMPTATIONS

Die Café-Bäckerei mit Delikatessenshop zaubert ein feines Frühstück und frische Mittagsküche. Nachmittags kannst du zum Kaffee die namensgebenden süßen Versuchungen probieren. *Tgl. | Jl. Palm Raja 3 | Batu Bolong | Tel. 0370 69 34 63 | temptations-lombok.com | €€*

SHOPPEN

ASMARA ART SHOP
Im Laden vor dem gleichnamigen Restaurant kannst du in Ruhe zwischen schönen Stoffen und Kunsthandwerk von guter Qualität stöbern. *Jl. Raya Senggigi | asmara-group.com*

PASAR SENI
Auf dem Kunstmarkt am nördlichen Ende des Orts findest du Produkte aus Lombok, Bali und Java. Vieles ist Kitsch, aber ein paar hübsche Sachen sind darunter, z. B. kunstvoll verzierte Schälchen und Dosen.

SPORT & SPASS

Fast alle Tauchveranstalter haben ein Büro in Senggigi. Deutschsprachige Tauchkurse und -touren bieten *Two Fish Divers (Senggigi Square 6 | Tel. 0370 6 19 70 76 | twofishdivers.com).* Ausflüge an Land organisiert *e-one Tours & Travel (Jl. Raya Senggigi | vor dem Asmara Artshop | Tel. 0370 69 38 43 | lomboktoursandtravel.com).* Entspannung gibt es in den Spas der großen Hotels: Besonders empfehlenswert sind die Anwendungen im *Sheraton Senggigi Beach (Jl. Raya Senggigi | Tel. 0370 69 33 33).* Ebenfalls sehr gute und viel günstigere Massagen bietet das einfache *Lemongrass Spa (Jl. Raya Senggigi | Tel. 0370 69 31 77).*

STRÄNDE

Die Strände hier sind eher hell- bis dunkelgrau als pudrig-weiß. Am Strand im Ortskern ist es wegen der fliegenden Händler und der vielen Fischer- und Ausflugsboote recht unruhig. Am besten schwimmen lässt es sich am *Pantai Batu Bolong* vor dem Cafe Alberto, einsame Stunden unter Palmen verbringst du am *Pantai Kerandangan.* Nach Norden hin ist der Strand von *Mangsit* fast durchgängig von Hotels besetzt, doch in den Buchten *Malimbu* und *Nipah* finden sich noch ruhige, palmengesäumte Strandabschnitte. Einige Hotels vermieten Liegestühle ab 30 000 Rp. – besonders beliebt zum Sonnenuntergang.

AUSGEHEN & FEIERN

Senggigi hat ein reges Nachtleben. Jeden Abend gibt's Lomboks beste Livemusik, Bier und Cocktails im *Happy Café (Jl. Raya Senggigi | Zentrum),* später auch 300 m südlich im *Marina Café.*

INSIDER-TIPP
Nightfever

RUND UM SENGGIGI

🖪 BATU BOLONG UND BATU LAYAR
2 km / 5 Min. von Senggigi mit dem Roller
Auf der Straße nach Mataram kommst du auf einem Felsen hoch über der gleichnamigen Bucht am kleinen *Pura Batu Bolong (tgl. 7–18 Uhr | Eintritt frei | ⏱ 0,25 h)* vorbei. Der Tempel

ist dem Schöpfergott Brahma geweiht, für den ein leerer Thron bereitsteht. Vor allem zu den Vollmondzeremonien kommen viele Hindus hierher. Von hier ist es noch ein kurzes Stück zum nächsten Felsen, dem *Batu Layar*. Hier ist der muslimische Heilige Syeh Syayid Muhammad al Bagdadi begraben, der den Islam nach Lombok gebracht haben soll. Beides ist interessant, aber nichts, was du unbedingt gesehen haben musst. 🕮 Q7

9 AUTORE PEARL CULTURE

18 km / 25 Min. von Senggigi mit dem Roller

Nördlich von Senggigi kannst du auf dem Weg von bzw. nach Bangsal (dem Fährhafen für die Gilis) oder Senaru eine der größten Perlenfarmen Lomboks besuchen. Bei der (nach Voranmeldung arrangierten) informativen Führung *(180 000 Rp.)* erfährst du alles über die langwierige und störanfällige Zucht von Perlaustern, für die sich Lomboks geschützte Buchten hervorragend eignen. Im Vergleich zu den einfacher zu gewinnenden Süßwasserperlen musst du dafür auch ein paar Scheine mehr auf den Tisch legen. *Tgl. 9–17 Uhr | Teluk Nare | Tel. 0813 39 92 00 20 | aurorepearls.com. au | ⏱ 0,75 h | 🕮 R6*

10 LOMBOK WILDLIFE PARK 🐾

30 km / 1 Std. von Senggigi mit dem Auto

In dem schön angelegten Zoo mit Spazierwegen und naturnahen Gehegen siehst du außer den Sumatra-Elefanten die faszinierenden Orang-Utans, die gibbonartigen Siamang, Krokodile, ulkige Nasenaffen sowie exotische Papageien- und Nashornvögel. Auch Komodowarane werden hier gehalten. ==Gegen 16 Uhr kannst du beim Baden der Elefanten dabei sein und dich nass spritzen lassen.== **INSIDER-TIPP Kalte Dusche** Nur vom Ritt auf den Dickhäutern und Fotos mit Orang-Utans ist abzuraten. *Tgl. 9–17 Uhr | Eintritt ab 200 000 Rp., Kinder ab 150 000 Rp. | Sigar Penjalin | lombokwildlifepark.com | ⏱ 1,5–2 h | 🕮 R6*

SENARU

(🕮 S6) **Das vom Bergtourismus geprägte Dorf am nördlichen Hang des Rinjani ist malerisch zwischen üppigen Reisterrassen, Gärten und Palmenhainen eingebettet und der wichtigste Ausgangspunkt für Besteigungen des Vulkans.**

Wer keine Gipfelstürmerambitionen mitbringt, kann hier die erfrischende Luft und die phantastische Aussicht genießen, Ausflüge durch Reisfelder und den Regenwald unternehmen oder sich in die traditionelle Lebensweise der Dorfbewohner einführen lassen. Das Dorf an sich ist unspektakulär und erstreckt sich weit die Straße hinauf. Erst am oberen Ende findest du das ursprüngliche Senaru: Hier leben die Menschen wie vor Jahrhunderten gemeinschaftlich in Bambushäusern mit Lehmboden, die mittlerweile allerdings mit Fernseher und Kühlschrank ausgestattet sind. Baustil, Sprache und Traditionen unterschei-

Sieht harmloser aus, als er ist: der Gunug Rinjani

den sich von den Sasak im Süden. Beim von Frauen aus dem Dorf geführten ⚑ *Panorama Walk (250 000–400 000 Rp. je nach Personenzahl für 4–5 Std. inkl. Mittagessen | Tel. 0817 5 72 33 15 | rinjaniwomenadventure. com)* werden dir die traditionelle Lebensweise und ein Wasserfall gezeigt. Senaru war vom Erdbeben 2018 besonders schwer betroffen, da auch die Route zum Rinjani für ein Jahr gesperrt wurde und die Touristen wegblieben. Jeder vor Ort ausgegebene Touristen-Euro hilft deshalb auch Familien in finanzieller Notlage.

ESSEN & TRINKEN

PONDOK SENARU

Das Hotelrestaurant serviert solide indonesische Kost zu vernünftigen Preisen und kann außerdem mit einer phantastischen Aussicht in die Schlucht des Sendang-Gila-Wasserfalls auftrumpfen. *Tgl. | Tel. 0818 03 62 41 29 | €–€€*

SPORT & SPASS

Die meisten Touristen kommen nach Senaru, um den Gunung Rinjani zu besteigen. Je nach Route dauert die Tour 3–5 Tage und darf nur mit einem professionellen Führer unternommen werden. In der Regenzeit ist der Aufstieg meist zu gefährlich – dasselbe gilt, wenn der Vulkan zu aktiv ist. Touren organisieren diverse Anbieter wie *Rudy Trekker (Tel. 0818 03 65 28 74 | rudytrekker.com)* oder *Rinjani Women Adventure (Tel. 0817 5 72 33 15 | rinja niwomenadventure.com),* die verhältnismäßig gute Unterkünfte haben und dich aus jedem Ort in Lombok abholen – oft ohne Aufpreis. Grundsätzlich sparst du mit einem Pauschalangebot, das Verpflegung, Träger, Ausrüstung usw. beinhaltet, Zeit und Nerven, wenn du dich einer bestehenden Gruppe anschließt, auch Geld. Die Kosten beginnen bei rund 200 Euro pro Person (in einer großen Gruppe) und steigen mit weniger Teil-

Vom Hang des Gunung Rinjani rauscht der Sendang-Gila-Wasserfall ins Tal

der Insel, erbaut aus Feldsteinen, Bambus und Lehm. Sie ist der wichtigste Gebetsort der letzten Wetu-Telu-Anhänger: Die Bewohner Bayans verstehen sich als direkte Nachfahren des Heiligen, der den Islam im 16. Jh. auf die Insel gebracht haben soll, und pflegen bis heute eine Mischung aus animistischen, hinduistischen und islamischen Traditionen. Der Hüter der Moschee erzählt dir gern Näheres, aber bring einen Guide oder Fahrer mit, der übersetzen kann. *Tgl. 8–17 Uhr | Eintritt gegen Spende | ⏱ 0,25 h | S6*

12 SENDANG-GILA- UND TIU-KELEP-WASSERFALL

1,5 km / 20 Min. bzw. 4,5 km / 1 Std. 15 Min. von Senaru zu Fuß

Unterhalb von Senaru donnert der 31 m hohe malerische Sendang-Gila-Wasserfall kraftvoll in zwei Stufen ins Tal. Der Fußweg von der Hauptstraße *(neben dem Restaurant Pondok Senaru | Eintritt 10 000 Rp.)* ist gut ausgebaut, führt jedoch zahlreiche Stufen hinab. Am Eingang drängen sich Guides auf, die du aber nur benötigst, wenn du weiter über einen steilen, glitschigen Pfad zum Tiu-Kelep-Wasserfall gehen möchtest. Achtung: Bei dieser Wanderung sind Badeschuhe mit Profil hilfreich, da du u. a. einen Bach durchwaten musst. S6

nehmern, aber auch mit der Qualität der Ausstattung und Verpflegung.

RUND UM SENARU

11 KUNO-MOSCHEE 🐾

4 km / 10 Min. von Senaru mit dem Auto

Nordöstlich von Senaru steht in Bayan die mit 300 Jahren älteste Moschee

13 GUNUNG RINJANI ⭐

14–22 km / 2–3 Tage von Senaru zu Fuß

Der von den Einheimischen als heiliger Berg erachtete Rinjani ist mit

3726 m der zweithöchste Vulkan Indonesiens. Sein mächtiges Massiv bedeckt etwa die Hälfte Lomboks und stellt dich auch bei guter Kondition vor eine echte Herausforderung. Der Weg zum Krater führt durch den ⚑ *Rinjani-Nationalpark (Eintritt 150 000 Rp.)*, 41 000 ha groß mit üppigem Regenwald, bizarrer Vulkanlandschaft und einzigartiger Flora und Fauna – Wildschweinen, Zwerghirschen, Riesenechsen sowie seltenen Vögeln, Schmetterlingen und Pflanzen.

Beim anstrengenden Aufstieg kommst du an Höhlen und heißen Quellen vorbei, denen die Einheimischen magische Kräfte nachsagen. Im riesigen Krater liegt der bis zu 6 km breite, sichelförmige See *Segara Anak* („Kind des Meeres"), daneben erhebt sich als Berg auf dem Berg der aktive *Gunung Baru*, der nach einem gewaltigen Ausbruch des Muttervulkans entstand. Zu kleineren Eruptionen kam es in den letzten Jahren immer wieder, verletzt wurde dabei niemand. Viel schlimmer war das Erdbeben von 2018, das viele Häuser in Nordlombok zerstört und die Wege zum Gipfel blockiert hat. Ein solcher **INSIDER-TIPP Shortcut** beginnt übrigens bei *Sembalun Lawang*, das von Erhebungen im Osten des Massivs eingerahmt wird und etwas näher am Gipfel liegt.

Nach der einjährigen Sperrung des Gipfels und der Neuorganisation des Trekkingbetriebs wurde ein Limit von 150 Bergsteigern pro Tag eingeführt. Auch um der Vermüllung Herr zu werden, die mit täglich bis zu tausend Besuchern zum Problem wurde. 📖 *R–T*

SCHÖNER SCHLAFEN AUF LOMBOK

AB AUF DIE INSEL

Abgeschieden, aber ohne auf die Annehmlichkeiten der Zivilisation verzichten zu müssen, urlaubst du im *Via Vacare (Tel. 0812 37 32 45 65 | viavacare.com | €–€€)*, einem freundlichen Getaway auf Gili Gede. Bei tollem Meerblick kannst du in einem der vier gemütlichen Bungalows zur Ruhe kommen oder – wesentlich preiswerter – auf Einzelmatratzen im halb offenen Rollo-Pavillon übernachten. Tägliche Yoga-Classes und der Bootstransfer ab Tembowong sind inklusive, und das Resort zeichnet sich durch Plastikrecycling, Wasser- und Stromsparmaßnahmen aus.

FERIEN IM REISFELD

Östlich von Senaru klebt am Hang des Gunung Rinjani das deutsch-indonesisch geführte Refugium *Rinjani Mountain Garden (Teres Genit | Bayan | Tel. 0818 56 97 30 | rinjani-mountain-garden.com | €–€€)* mit üppigem Garten, toller Aussicht, eigener Quelle, Naturschwimmbecken und frei laufenden Tieren. Tagsüber wanderst du zu Wasserfällen, abends tauschst du dich im Restaurant mit anderen Travellern aus. Sparfüchse übernachten in einfachen Hütten mit Gemeinschaftsbad, mehr Privatsphäre haben die fünf Zimmer in Cottages im Reisspeicherstil.

GILIS

PALMEN, STRAND UND COCKTAILSCHIRMCHEN

Wie Perlen liegen sie im Ozean: Gili Air, Gili Meno und Gili Trawangan. Drei flache Kleckse mit Palmen, Kasuarinen und kleinen Dörfern, gesäumt von Sandstränden und Korallenriffen.
Ein Paradies für Beachbums, Badenixen, Partylöwen, Taucher und alle auf der Suche nach tropischem Inselflair, ohne Abstriche bei Komfort oder Erreichbarkeit machen zu müssen. Die Unterwasserwelt und der sich immer neu erfindende Tourismusbetrieb sorgen für zwei, drei ausgefüllte Tage. Selbst das schlimme Erdbeben von

Gili Meno ist die Insel für alle, die Traumstrände und Ruhe suchen

2018 legte den Betrieb nur für ein, zwei Monate lahm – the show must go on.

Obwohl nur ein Katzensprung von Lombok, wirken die Inseln seit Einführung der Schnellboote wie ein Satellit von Bali. Dabei sind die rund 4000 Bewohner muslimische Sasak und Bugis. Sie leben recht bescheiden und haben sich mit der Touristenflut arrangiert, die auch ökologische Probleme aufwirft. So muss Trinkwasser vom Festland importiert und der Müll zur Entsorgung dorthin gebracht werden.

GILIS

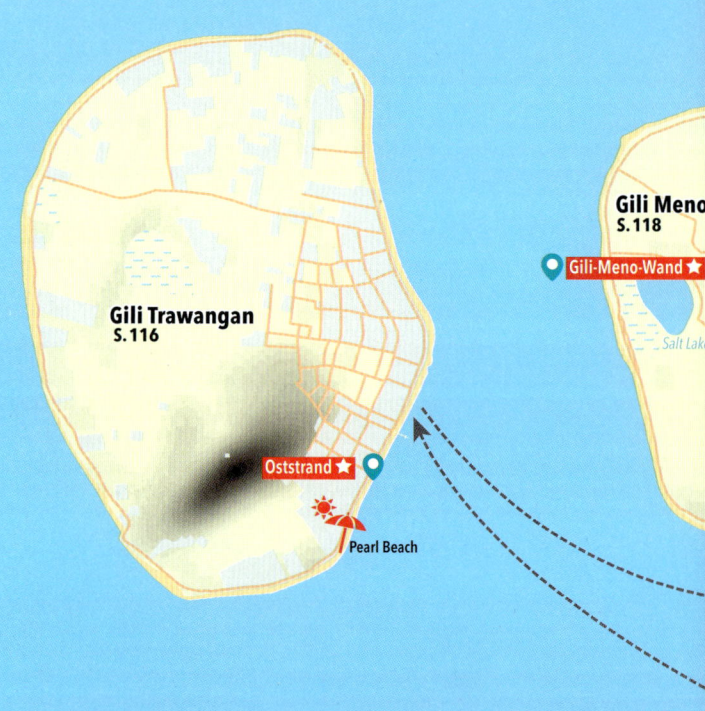

Selat

Gili Trawangan
S. 116

Gili Meno
S. 118

Gili-Meno-Wand ★

Salt Lake

Oststrand ★

Pearl Beach

MARCO POLO HIGHLIGHTS

★ GILI-MENO-WAND
Tropische Meeresbewohner und originelle Skulpturen faszinieren Schnorchler und Taucher ➤ S. 118

★ OSTSTRAND VON GILI TRAWANGAN
Strandlounge, Beer-Pong-Kneipe, Livebühne – hier feiern Partyfans bis zum Umfallen ➤ S. 117

Lombok

Südoststrand

1 km, 8 Min.

1 km, 5 Min.

Gili Air
S. 119

Oststrand

4 km, 25 Min.

Selat Lombok

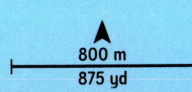

800 m
875 yd

Immerhin, statt Autos rollen hier Pferdewagen, Fahrräder und ein paar E-Roller. Und weil die inselnahen Korallen vom früheren Dynamitfischen stark mitgenommen waren, hat der Gili Eco Trust (giliecotrust.com) auf künstlichen Riffen neue angesiedelt.

Nicht ganz unwichtig: Nimm dich vor den Kutschen in Acht, die sogenannten cidomo preschen gern rücksichtslos die Wege entlang! Zudem sind abends die Wege kaum beleuchtet.

Schnellboote fahren ab Sanur, Padang Bai, Amed oder Nusa Lembongan (1,5–2 Std. | ab 30 Euro | gili-fastboat. com). Schneller geht's ab Senggigi, Gili Gede oder Bangsal. Zartbesaiteten wird im Schnellboot oft schnell übel –

INSIDER-TIPP Magenfreundlich! weniger brandungsanfällig sind die großen Boote von Eka Jaya (baliekajaya. com). Schwangere und Kleinkinder reisen besser via Lombok.

GILI TRAWANGAN

(☐ p–r 2–5) **Viele landen als Erstes auf der größten und betriebsamsten Gili. Sie wird dem Ruf als Partyinsel gerecht, hat aber auch ruhige Plätzchen fernab vom Trubel.**

Am Oststrand kommst du dir angesichts des Spaliers der Tauchschulen, Restaurants und Shops und dem regen Boots- und Kutschenverkehr vor wie in einer Kleinstadt. Im Inselinneren und an den übrigen Stränden reift

dann doch die Erkenntnis, dass du auch auf Trawangan problemlos Ruhe findest. Im Süden und Westen drehen die Strandbars zum Sonnenuntergang die Musik auf – einmal Sundowner mit Blick auf Bali ist schon ein Muss. Auf dem 72 m hohen Bukit Trawangan im Süden genießt du einen tollen Panoramablick ganz ohne Instagram-Schaukeln und Bestellzwang.

INSIDER-TIPP Hillbilly

ESSEN & TRINKEN

CHOCKERS

Das unscheinbare, klimatisierte Restaurant im Inselinneren überrascht mit exzellenter mediterraner Küche – hausgemachter Pasta, Pizza, Calzone – , aber auch saftigen Burgern und knackigen Salaten. Die Preise sind etwas höher, aber dem Service und der Qualität angemessen. Tgl. | Jl. Vila Kelapa | Tel. 0878 24 49 00 23 | Facebook: Chockersrestaurant | €€–€€€

KAYU CAFÉ

In dem Café-Bistro beginnst du den Tag mit frisch belegten Broten, bunten Salaten und gesunden Smoothies oder kommst am Nachmittag für Kaffee und Kuchen. Tgl. | Jl. Pantai | Tel. 0878 62 39 13 08 | Facebook | €€

NIGHT MARKET (PASAR SENI) 🚩 📷

Nach Sonnenuntergang kannst du dich an zahlreichen Essensständen durch die indonesische Küche und gegrilltes Seafood probieren. Tgl. ab 17.30 Uhr | südliche Jl. Pantai | €

Die Boote bringen nicht nur Touristen, sondern auch fast alle Lebensmittel auf die Gilis

SPORT & SPASS

Rund um die Insel verteilen sich viele Schnorchel- und Tauchspots, an denen Schildkröten, Mantarochen und sogar kleine Haie gesichtet werden. Vor dem Café Gili liegt ein 🚩 Motorrad in 6–7 m Tiefe. Viele Tauchboote nehmen auch Schnorchler mit, z.B. *Dream Divers (deutschsprachige Kurse | Tel. 0370 6 13 44 96 | dreamdivers-lombok.com), Blue Marlin Dive (bluemarlindive.com), Manta Dive (Tel. 0878 65 55 69 14 | manta-dive.com).*

INSIDER-TIPP
Jetzt halt mal die Luft an!

Freedive Gili (freedivegili.com) bringt dir sogar das Apnoetauchen bei.

Gili Yoga (giliyoga.com) und *Soraya Yoga (sorayayoga.com)* halten dich mit Yoga fit, Letztere sogar am Strand zum Sonnenauf- oder -untergang *(Mo, Mi, Sa 6.15, Di, Do, Fr 17 Uhr)*. Für Abwechslung sorgen auch eine 🎪 *Minigolfanlage (tgl. 12–23 Uhr | Runde 15 000 Rp. | Jl. Nautilus | giligolf.com)* oder ein Silberschmiedekurs bei 🔱 *Yin Jewelry for the Soul (2 x tgl. | Jl. Pantai | yinjewelryforthesoul.com).*

STRÄNDE

Die Insel hat viele Strände, aber am schönsten und saubersten ist es am 🌴 *Pearl Beach* vor dem gleichnamigen Resort an der Südostküste. Hier lohnt es sich, eine Liege mit Schirm zu mieten (bei Mindestverzehr an der Strandbar kostenlos).

AUSGEHEN & FEIERN

Am ⭐ *Oststran*d ist vom Beer-Bucket bis zum gediegenen Cocktail alles vertreten. Ein Partyplan legt fest, wo nach 1 Uhr weitergefeiert werden darf: montags im *Blue Marlin,* dienstags in der *Jiggy Bar,* samstags im *Sama-Sama* und sonntags in der *Evolution Bar.* Monatlich findet zudem am Südstrand der *Fullmoon Rave* statt. Im Ramadan geht es ruhiger zu, aber es hat auch schon Kopfhörerpartys gegeben.

GILI MENO

(◫ s–u 1–3) **Gili Meno, die kleinste der drei Inseln ist ein Ruhepol. Ein Ort, an dem es buchstäblich nichts zu tun gibt (außer Tauchen und Schnorcheln natürlich) und zwischen locker verteilten Bungalowanlagen noch ein Hauch von Robinson-Atmosphäre aufkommt.**

Shopping? Nachtleben? No can do. Weniger ist manchmal eben mehr. In einer guten Stunde hast du die Insel umschritten, wobei der von Mangroven umstandene *Salzsee* im Westen den Abstecher wert ist – vielleicht erspähst du ein paar Wasservögel. In der kleinen ⛎ *Schildkrötenstation (Eintritt gegen Spende)* am Südoststrand sind manchmal Babyschildkröten.

ESSEN & TRINKEN

DIANA CAFÉ
Im liebevoll mit Treibholz, Muscheln und Korallen dekorierten Strandbistro hat man allerbesten Blick auf den Sonnenuntergang, dazu gibt's kühles Bier, gegrillten Fisch und Reggae. *Tgl. | Weststrand | kein Tel. | €*

SPORT & SPASS

Für Taucher und Schnorchler ist die ★ *Gili-Meno-Wand* im Nordwesten mit seltenen Korallen, Fischen und Meeresschildkröten die Attraktion.

Unvergesslich schön: der Sonnenuntergang vor Gili Trawangan mit Vulkankulisse

INSIDER-TIPP
Kunst am Grund

Frag außerdem nach dem *Nest:* Direkt vor der Westküste triffst du am Meeresgrund auf kreisförmig angeordnete menschliche Skulpturen – ein buchstäblich tiefgründiges Kunstwerk mit Öko-Message. Alle Tauchcenter auf den Gilis bieten Touren nach Gili Meno an, auf der Insel selbst gibt es *Blue Marlin Dive* (bluemarlindive.com) und *Divine Divers (Tel. 0852 40 57 07 77 | divine divers.com).* Schnorchelausflüge organisieren fast alle Unterkünfte.

STRÄNDE

Der schönste Strand breitet sich direkt vor der Ruine des Gazebo Meno im Südosten aus, wo der Sand besonders hell und fein und der Meeresgrund nicht zu steinig ist.

GILI AIR

(□ s–u 4–6) **Ist dir auf Trawangan zu viel und auf Meno zu wenig los, dann ist Gili Air genau das Richtige für dich. Keine Partys, aber Dorfleben. Keine Haute Cuisine, aber weit mehr als nur Fischbarbecue.**
Die Insel ist im Verhältnis zu ihrer Fläche sehr dicht besiedelt, vor allem im Süden, wo das von Gassen durchzogene Dorf fast wie ein Labyrinth wirkt. Ein Spaziergang um die Insel dauert zwei Stunden, querfeldein läuft (und radelt) es sich angenehmer und schattiger. Schwimmen und schnorcheln kannst du am besten im Südosten.

ESSEN & TRINKEN

THE MEXICAN KITCHEN
Zu Tacos, Nachos und Enchiladas bevorzugt man hier potente Margaritas. In der Hochsaison wird öfter zu Salsa- und Bachata-Abenden geladen – vamos muchachos! *Tgl. | im Nordwesten | Tel. 0878 64 12 22 00 | gili mexicankitchen | €–€€*

MOWIE'S
Lässiges Strandrestaurant mit Sitzkissen, gesunden Sandwiches und Powerdrinks, auch vegetarischen Gerichten und Raw Food. Aber das Beste: der Blick auf den Sonnenuntergang. *Tgl. | im Südwesten | Tel. 0878 64 23 13 84 | mowiesbargiliair.com | €€*

SPORT & SPASS

Die meisten Unterkünfte organisieren Schnorchel- und Angelausflüge und verleihen die Ausrüstung. Die drei großen bei Gili Trawangan genannten Tauchschulen (s. S. 117) sind alle auch auf Gili Air vertreten.
Bei *H_2O Yoga* (h2oyogaandmeditati on.com) im Inselosten wird Yoga und Meditation betrieben, bei *Gili Cooking Classes* (3 x tgl. | Tel. 0878 21 57 01 88 | gilicookingclasses.com) im Süden gemeinsam gekocht.

STRÄNDE

Der beste Badestrand liegt im Osten, und zwar auf Höhe des Scallywags Beach Club. Wenn du hier etwas isst oder trinkst, sind die Sonnenschirme gratis.

ERLEBNIS TOUREN

Lust, die Besonderheiten der Region zu entdecken? Dann sind die Erlebnistouren genau das Richtige für dich! Ganz einfach wird es mit der MARCO POLO Touren-App: Die Tour über den QR-Code aufs Smartphone laden – und auch offline die perfekte Orientierung haben.

❶ BALI, LOMBOK UND DIE GILIS – EIN BISSCHEN WAS VON ALLEM

➤ Touristenzentren und traditionelle Dörfer
➤ Tempel, Reisterrassen und Vulkane
➤ Traumstrände und exotische Tauchspots

📍 Seminyak 🏁 Selong Belanak

→ 485 km 🚗 12 Tage, reine Fahrzeit 15 Stunden

ℹ️ Achtung: ⓱ Padang Bai: Die Überfahrt zur Gili Meno im Voraus buchen

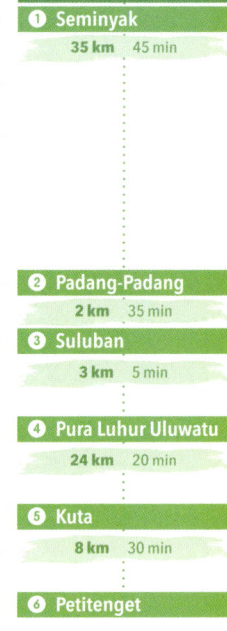

Einfach QR-Code scannen und alle Karten & Infos zu unseren Touren auch unterwegs parat haben!
go.marcopolo.de/bal

Die Ladenbesitzer in Seminyak sind wahre Dekokünstler

ANKOMMEN UND ATMOSPHÄRE SCHNUPPERN

Um anzukommen, ist ❶ Seminyak ➤ S. 46 ideal. Kurier deinen Jetlag bei einem Bummel entlang der Boutiquen und Cafés in der Jl. Kayu Aya, saug die Atmosphäre bei einem Strandspaziergang ein und genieß deinen ersten Sundowner im legendären Ku De Ta ➤ S. 48. Neben erstklassiger Musik gibt es dort vorzügliches Essen. Richtig ausschlafen kannst du dich in Tony's Villas & Resort (balitonys.com), wo du für zwei Nächte eincheckst.

Am nächsten Tag machst du einen Mopedausflug auf die Bukit-Halbinsel ➤ S. 55 zu den Buchten ❷ Padang-Padang ➤ S. 58 und ❸ Suluban ➤ S. 58, wo du von der Steilküste aus den besten Surfern der Insel zusehen kannst. Vor Sonnenuntergang solltest du den Tempel ❹ Pura Luhur Uluwatu ➤ S. 56 ansteuern, der spektakulär auf den Klippen thront. Hier lässt du dich vom allabendlichen Kecak-Tanz vor dem Hintergrund der untergehenden Sonne in den Bann ziehen – falls es nicht zu voll ist und du einen guten Sitzplatz ergattert hast. Auf dem Rückweg schlenderst du in ❺ Kuta ➤ S. 42 über die Souvenirmeile und erkundest später die Clubs und Bars in ❻ Petitenget.

TAG 1–2

❶ **Seminyak**

35 km · 45 min

❷ **Padang-Padang**

2 km · 35 min

❸ **Suluban**

3 km · 5 min

❹ **Pura Luhur Uluwatu**

24 km · 20 min

❺ **Kuta**

8 km · 30 min

❻ **Petitenget**

TAG 3-4	
40 km	45 min
❼ **Ubud**	
14 km	2 h 15 min

❽ **Goa Gajah**	
3 km	10 min
❾ **Pura Penataran Sasih**	
13 km	20 min
❿ **Gunung Kawi**	
2 km	5 min
⓫ **Tirta Empul**	
7 km	10 min
⓬ **Tegallalang**	

TAG 5	
41 km	1 h 20 min
⓭ **Penelokan**	
20 km	25 min
⓮ **Pura Besakih**	
21 km	25 min
⓯ **Ume Anyar**	
15 km	20 min
⓰ **Klungkung**	
17 km	15 min
⓱ **Padang Bai**	

DAS SPIRITUELLE HERZ BALIS

❼ Ubud ➤ S. 66, Balis Kultur- und Wellnesszentrum, erreichst du mit dem Perama-Shuttle-Bus ➤ S. 134. Nach einem Besuch im Museum Puri Lukisan ➤ S. 68 spazierst du zur Sari-Organik-Farm (tgl. | Subak Sok Wayah | Tel. 0361 97 20 87 | €–€€), um inmitten von Reisfeldern die köstlichen Biogerichte zu probieren. Ein Rundweg führt zum Ubud Sari Health Resort (Jl. Kaleng 35 | Tel. 0361 97 43 93 | ubudsari.com), wo du dich in einem Gartenpavillon massieren lassen kannst. Sichre dir in der Touristeninformation Karten für eine abendliche Tanzvorführung oder eine der anderen Veranstaltungen im Puri Saren ➤ S. 67, bevor du dein Zimmer für die kommenden beiden Nächte im Tjampuhan Hotel (tjampuhan-bali.com) beziehst. Am nächsten Tag leihst du dir einen Motorroller und steuerst die Elefantenhöhle ❽ Goa Gajah ➤ S. 72, den ❾ Pura Penataran Sasih ➤ S. 73 in der alten Königsstadt Pejeng, die mystische Grabstätte ❿ Gunung Kawi ➤ S. 73 und schließlich die heiligen Quellen ⓫ Tirta Empul ➤ S. 73 an. Zurück fährst du über die Reisterrassen (Eintritt 10 000 Rp., Parken 5000–10 000 Rp.) von ⓬ Tegallalang, wo du tolle Fotos schießen und auf einen Kaffee einkehren kannst.

HOCH IN DIE BERGE

Ein Auto mit Fahrer bringt dich am nächsten Tag nach ⓭ Penelokan ➤ S. 74. Ein Ort mit vielen Straßenbistros, von denen du einen tollen Blick auf die Caldera des aktiven Vulkans Gunung Batur ➤ S. 74 hast. Über Bergstraßen geht es zum ⓮ Pura Besakih ➤ S. 76 am Hang des Gunung Agung ➤ S. 85. Serpentinen führen von hier nach Sidemen, wo du bei einem rustikalen Mittagessen im warung ⓯ Ume Anyar (tgl. | Tel. 0852 38 72 71 99 | €) traumhafte Blicke über tiefgrüne Reisterrassen genießt. Weiter südlich solltest du dir bei einem Bummel durch ⓰ Klungkung ➤ S. 89 die alte Gerichtshalle Kerta Gosa ➤ S. 89 mit ihren schaurig-phantastischen Deckenmalereien ansehen. Entspann dich am Abend in Spa und Restaurant deiner Unterkunft, des hoch über ⓱ Padang Bai ➤ S. 88 gelegenen Bloo Lagoon Eco Village (bloolagoon.com).

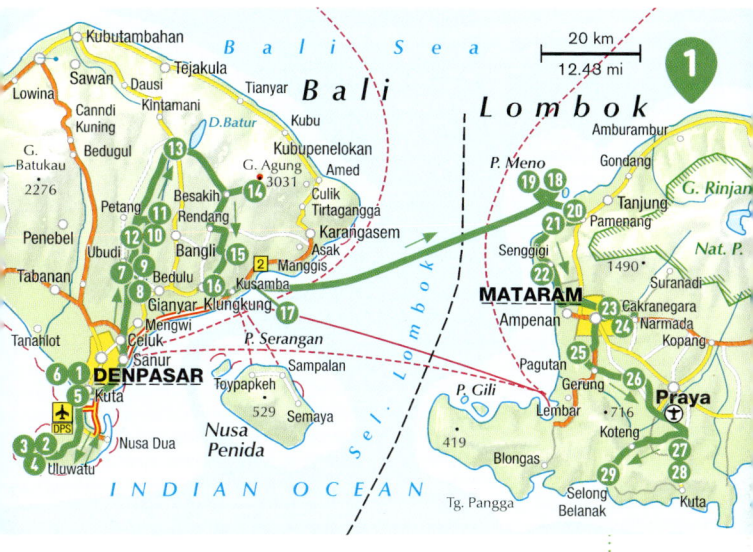

TAUCHEN UND FEIERN AUF DEN GILIS

Am Morgen setzt du vom **Fährhafen** mit einem Schnellboot auf ⑱ **Gili Meno ➤ S. 118** über. Hier lässt es sich wunderbar entspannen, besonders schön in der **Villa Sayang** (villasayanggilimeno.com), wo du zwei Nächte bleibst. Schließ dich am nächsten Tag einer Tauchtour an: Die Skipper wissen, wo es die schönsten Korallen oder Meeresschildkröten gibt.

Zur Nachbarinsel ⑲ **Gili Trawangan ➤ S. 116** nimmst du am nächsten Morgen das Fährboot. Check in der **La Cocoteraie Ecolodge** (lacocoteraiegili.com) ein, und bevor du am Abend durch die Bars tingelst, kannst du um die Insel radeln und zum Sonnenuntergang an der **Westseite** einen Schnappschuss von dir auf einer Meeresschaukel machen.

PERLEN, KUNSTHANDWERK UND TRADITIONEN

Nächstes Ziel: **Lombok**. Das Schnellboot läuft ⑳ **Bang-sal** an, wo du in ein Taxi steigst. Die mit Taxameter operierenden Taxis von 🐦 Blue Bird sind auf Kurzstrecken günstiger als die Privatfahrer am Hafen.

DER-TIPP Bird is the word

TAG 6–7	
68 km	1 h 10 min
⑱ Gili Meno	

TAG 8	
5 km	15 min
⑲ Gili Trawangan	

TAG 9	
12 km	20 min
⑳ Bangsal	
6 km	10 min

Du findest sie ein paar Gehminuten die Straße hinunter. Alles über die Zucht von Südseeperlen erfährst du bei der Besichtigung der Perlenfarm ㉑ **Autore ▶ S. 108**, bei der du auf der Fahrt nach ㉒ **Senggigi ▶ S. 105** einen Zwischenstopp einlegst. Verbring den Nachmittag in Lomboks Touristenzentrum und spendier dir zum Sonnenuntergang ein Abendessen in den edlen **Qunci Villas** *(quncivillas.com),* wo du auch übernachtest. Noch nicht müde? Gute Livemusik gibt's im **Happy Café ▶ S. 107** an der Hauptstraße.

Der Chauffeur, den du samt Auto anheuerst, bringt dich heute zu den Tempelanlagen ㉓ **Pura Lingsar ▶ S. 104** und ㉔ **Taman Narmada ▶ S. 104**. Von dort geht es zu den Kunsthandwerkerdörfern ㉕ **Banyumulek ▶ S. 103** und ㉖ **Sukarara ▶ S. 104**, wo du an die Mitbringsel denkst und günstig Tonwaren und Webstoffe erstehen kannst, und weiter zu den traditionellen Sasak-örfern ㉗ **Rambitan ▶ S. 99** und ㉘ **Sade ▶ S. 99**. Dort erfährst du hautnah, wie einfach Lomboks Ureinwohner heute noch leben. Von hier lässt du dich wieder *Richtung Norden fahren, bis hinter Sengkol eine Straße in Richtung* ㉙ **Selong Belanak ▶ S. 99** *abgeht.* Ziel erreicht: Freu dich an diesem Traumstrand auf ein köstliches Abendessen und zwei ruhige Nächte und relaxte Strandtage in den **Sempiak Villas** *(sempiakvillas.com).*

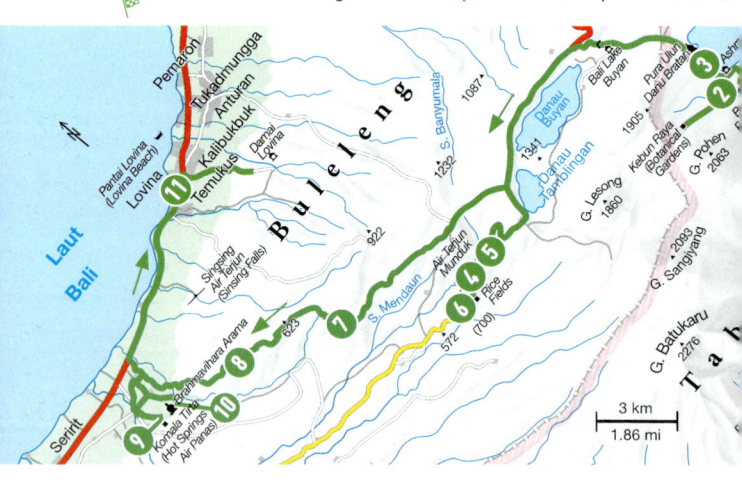

❷ AKTIV IM HOCHLAND

- ➤ Die Seenlandschaften des Hochlands genießen
- ➤ Durch Gärten und Plantagen wandern, durch Dörfer radeln
- ➤ Bei einer Massage entspannen und im Kloster meditieren

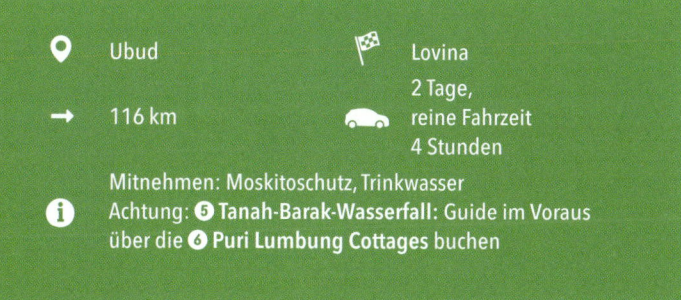

📍 Ubud   🏁 Lovina

➡ 116 km   🚗 2 Tage, reine Fahrzeit 4 Stunden

ℹ Mitnehmen: Moskitoschutz, Trinkwasser
Achtung: ❺ Tanah-Barak-Wasserfall: Guide im Voraus über die ❻ Puri Lumbung Cottages buchen

DURCH OBSTGÄRTEN ZUR SEEGÖTTIN

Dein Fahrer wartet bereits früh in ❶ Ubud ➤ S. 66 auf dich und bringt dich *Richtung Norden* an Reisfeldern und Obstplantagen vorbei bis ❷ Candikuning ➤ S. 77 auf rund 1500 m Höhe. Die Gegend gilt als landwirtschaftliches Herz Balis, da wegen des kühlen Bergklimas Obst, Gemüse, Gewürzpflanzen und Blumen hier besonders gut gedeihen. Nimm dir Zeit und probier

TAG 1	
❶ Ubud	
43 km	35 min
❷ Candikuning	
4 km	5 min

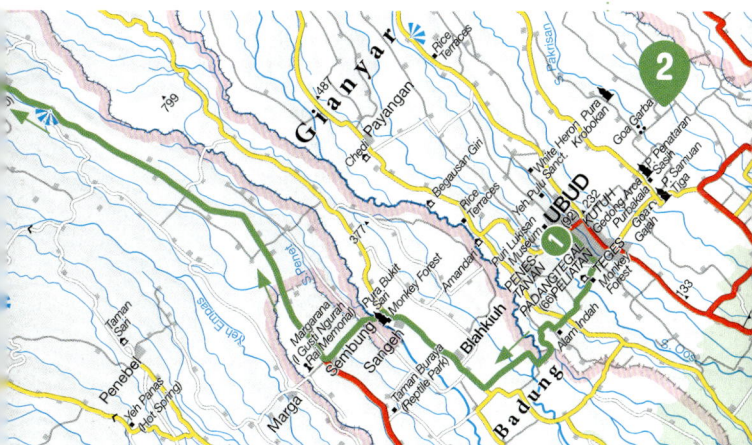

Durch schattige Plantagen führt der Weg zum Tanah-Barak-Wasserfall

auf dem **Dorfmarkt** *(tgl.)* frische Früchte. Für eine Snackpause bietet sich das gemütliche **Eat Drink Love Cafe** *(tgl. | €)* am Marktplatz an. Die Beine vertrittst du dir anschließend im **Botanischen Garten ➤ S. 77**. *Etwas weiter die Hauptstraße hinunter* ist der ❸ **Pura Ulun Danu Bratan ➤ S. 77** nicht zu verfehlen. Sein elfstufiger Tempelschrein spiegelt sich bei klarem Wetter vor der imposanten Bergkulisse im See. Die Balinesen bitten hier die Seegöttin um Wasser für ihre Felder.

Fahr 6 km weiter Richtung Norden und bieg bei Wanagiri links zum Danau Buyan und Danau Tamblingan ➤ S. 77 ab. Die schmale Straße führt oberhalb des Nordufers, das von Kaffee- und Obstplantagen gesäumt ist, an den idyllischen Seen entlang. Im Süden ragen die Ausläufer des Gunung Batukaru ➤ S. 72 auf, im Norden reicht der Blick an einigen Stellen bis hinunter zum Meer. Dein Ziel ist das Dörfchen **Munduk ➤ S. 77**, wo du in den wunderschön gelegenen ❹ **Puri Lumbung Cottages** *(purilumbung.com)* absteigst. Zum Abschluss des Tags wartet dort ein balinesisches Dinner auf dich.

UNTERM WASSERFALL BADEN ...

In der Kühle des nächsten Morgens wanderst du mit einem Guide durch Kaffee-, Vanille-, Nelken- und Avocadoplantagen zum ❺ **Tanah-Barak-Wasserfall** *(tgl. 8–16 Uhr | Eintritt 10 000 Rp.).* Aus 15 m Höhe stürzt das Wasser in den natürlichen Pool – eine herrliche Erfrischung. Auf dem Rückweg der rund dreistündigen Wanderung bittest du deinen Guide, dir zu erklären, wie das mit dem Reisanbau funktioniert. Zurück in den ❻ **Puri Lumbung Cottages** macht dich eine balinesische Massage fit für die nächste Bewegungseinheit.

---

❸ **Pura Ulun Danu Bratan**

20 km   20 min

❹ **Puri Lumbung Cottages**

TAG 2

2 km   30 min

❺ **Tanah-Barak-Wasserfall**

2 km   30 min

❻ **Puri Lumbung Cottages**

16 km   1 h 45 min

... PER RAD ZU HEISSEN QUELLEN ...

Dazu schwingst du dich auf den Fahrradsattel und radelst mit deinem Guide durch traditionelle Dörfer wie **7 Pedawa** und **8 Sidetapa**, wo du bei der Herstellung von Palmzucker und Kunsthandwerk aus Bambus zusehen kannst. Durch tiefgrüne Reisterrassen geht die rund vierstündige Tour *weiter abwärts* bis zu den heißen Quellen von **9 Banjar** ➤ S. 75, wo dich bereits dein Fahrer samt Gepäck erwartet. Pack spätestens hier dein Lunchpaket, das du dir im Hotel mitgeben hast lassen, aus und entspann dich bei einem Bad im warmen, schwefelhaltigen Wasser, das eine heilsame Wirkung haben soll.

... UND AB INS KLOSTER

Nur zehn Minuten entfernt liegt Balis einziges aktives buddhistisches Kloster **10 Brahmavihara Arama** ➤ S. 76. Ein schöner Ort, um zu meditieren oder einfach die Stille und den Blick aufs Meer zu genießen. Bis nach **11 Lovina** ➤ S. 74 mit seinen schwarzen Sandstränden ist es nun nicht mehr weit. Freu dich auf das Dinner und die Übernachtung **The Damai** *(thedamai.com)*.

7 Pedawa	
5 km	25 min
8 Sidetapa	
8 km	30 min
9 Banjar	
3 km	5 min
10 Brahmavihara Arama	
13 km	20 min
11 Lovina	

3 MYSTISCHE TEMPEL, REISKULTUR UND EIN VULKAN

➤ Alles über das balinesische Reisanbausystem
➤ Ein mystischer Bergtempel auf dem zweithöchsten Vulkan
➤ Magisch: der Tanah Lot bei Sonnenuntergang

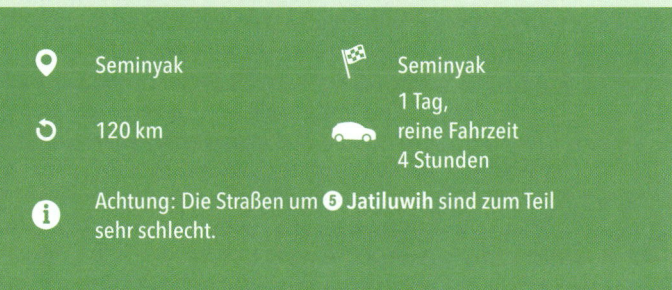

📍 Seminyak   🏁 Seminyak

🔄 120 km   🚗 1 Tag, reine Fahrzeit 4 Stunden

ℹ️ Achtung: Die Straßen um **5 Jatiluwih** sind zum Teil sehr schlecht.

KÖNIGSTEMPEL UND DIE KUNST DES REISANBAUS

Nichts für Langschläfer: Von ❶ **Seminyak** ➤ S. 46 geht es schon früh am Morgen im Mietwagen samt Fahrer nach **Mengwi** ➤ S. 50 zum 1634 gegründeten ❷ **Pura Taman Ayun** ➤ S. 51. Der Tempel der Königsfamilie von Mengwi ist von einem Wassergraben voller Lotosblumen umgeben. Der frühe Aufbruch hat sich gelohnt, denn so kannst du in Ruhe den Garten genießen, bevor die Reisegruppen eintreffen. Weiter geht es *Richtung Tabanan* ➤ *S. 50.* Die Umgebung des Handelsstädtchens ist als Reiskammer Balis bekannt. Hier liegt das ❸ **Subak-Museum** ➤ S. 50, in dem der Reisanbau und das komplexe Bewässerungssystem erklärt werden.

VULKAN MIT HEILIGTUM

Von Tabanan führt eine Straße in den Norden auf den üppig bewachsenen **Batukaru** ➤ S. 72, Balis zweithöchsten Vulkan. Auf 825 m Höhe versteckt sich im Dschungel der mystische Tempel ❹ **Pura Luhur Batukaru**, einer der sechs heiligsten Tempel Balis. Die Schreine sind dem Berggott sowie den Geistern des Bratan- ➤ S. 77, Buyan- und Tamblingan-Sees ➤ S. 77 geweiht. Die Stille in der wenig besuchten Anlage trägt zur sakralen Stimmung genauso bei wie die Nebelschwaden, die meist den Blick auf den Gipfel verdecken. *Fahr die Hauptstraße etwa 2,5 km zurück bis nach Wongayagede. Eine kleine, gewundene Straße führt von hier in den Osten* zunächst an Bananen-, Chili- und Kaffeepflanzungen vorbei bis nach ❺ **Jatiluwih** *(Zufahrtsgebühr 25 000 Rp.):* Bei klarer Sicht und kühler Bergluft erwartet dich ein phantastischer Blick über tiefgrüne Reisterrassen bis weit in den Süden hinunter zum Meer. Die jahrhundertealten Felder schmiegen sich an die Berghänge und sind perfekte Beispiele für

❶ **Seminyak**

20 km   30 min

❷ **Pura Taman Ayun**

8 km   10 min

23 km   30 min

❹ **Pura Luhur Batukaru**

9 km   20 min

❺ **Jatiluwih**

43 km   1 h 15 min

das *Subak*-System. Bei gutem Wetter solltest du einen Spaziergang durch die Felder machen, bevor du in einem der vielen Lokale an der Hauptstraße zu Mittag isst.

BALIS SCHÖNSTER SONNENUNTERGANG

An kleinen Bergdörfern vorbei geht die Fahrt über *Angsri zur Jl. Raya Senganan. Hier biegt dein Fahrer rechts in Richtung Süden ab und nimmt die Route über Penebel und Tabanan* zum sagenumwobenen Meerestempel ❻ Pura Tanah Lot ➤ S. 49. Auf einem malerischen Felsen direkt vor der Küste wird der Meeresgott Baruna verehrt, giftige Seeschlangen wachen über das Heiligtum. Trotz der Touristenmassen ist dieser Tempel einer der schönsten Orte auf Bali, um den Sonnenuntergang zu beobachten. Sobald die Sonne rot glühend im Meer verschwunden ist, verschwindest auch du, und zwar *über die notorisch verstopfte Jl. Bypass Tanah Lot* zurück nach ❶ Seminyak.

❻ Pura Tanah Lot

17 km   20 min

❶ Seminyak

❹ PANORAMATOUR IM NORDEN LOMBOKS

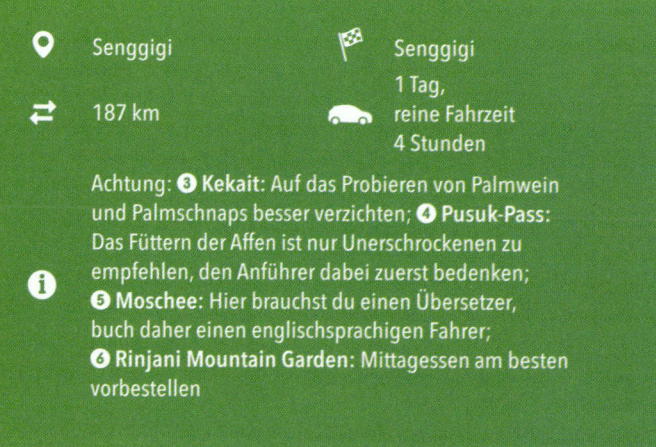

➤ Alltag und Tradition auf dem Land
➤ Mittagspause im Tropengarten
➤ Spaziergang an den Hängen des Vulkans

📍 Senggigi   🏁 Senggigi

⇄ 187 km   1 Tag,
                                   reine Fahrzeit
                        🚗   4 Stunden

ℹ️ Achtung: ❸ Kekait: Auf das Probieren von Palmwein und Palmschnaps besser verzichten; ❹ Pusuk-Pass: Das Füttern der Affen ist nur Unerschrockenen zu empfehlen, den Anführer dabei zuerst bedenken; ❺ Moschee: Hier brauchst du einen Übersetzer, buch daher einen englischsprachigen Fahrer; ❻ Rinjani Mountain Garden: Mittagessen am besten vorbestellen

MARKTBUMMEL UND MANUFAKTURBESUCH

Frühmorgens wartet dein Fahrer vor deinem Hotel in ❶ Senggigi ➤ S. 105 auf dich, um dich *über Ampenan in Richtung Pusuk-Pass* zu bringen. *Nach der Abzweigung nach Gunung Sari* kommst du an einem ❷ **Morgenmarkt** *(tgl. 6–12 Uhr)* vorbei, auf dem du dich mit Snacks eindecken kannst. Von hier geht es weiter Richtung ❸ **Kekait**. Westlich der Straße liegen einige **Palmzuckermanufakturen**: Die Bauern zeigen gern, wie sie aus der Zuckerpalme Palmzucker, -wein *(tuak)* und -schnaps *(brem)* herstellen. Oben auf dem ❹ **Pusuk-Pass** erwartet dich ein schöner Blick bis zum Meer, aber auch Horden neugieriger Affen, die auf Leckerbissen aus sind.

ÄLTESTE MOSCHEE UND IDYLLISCHER GARTEN

Durch kleine Orte und an schwarzen Stränden entlang geht es weiter bis nach **Bayan**, wo die älteste ❺ **Moschee** ➤ S. 110 Lomboks steht, ein einfacher Holz-Bambus-Bau. 1634 soll hier einer der neun Heiligen, die den Islam nach Indonesien brachten, die erste islamische Gemeinde auf Lombok gegründet haben. Der Hüter des Heiligtums erzählt wunderbare Geschichten, die dein Fahrer für dich übersetzt. *An der Moschee vorbei führt die Hauptstraße in eine Linkskurve, dort fährst du geradeaus weiter und 3,7 km den Berg hinauf, bis*

❶ Senggigi

13 km   20 min

❷ Morgenmarkt

3 km   5 min

❸ Kekait

7 km   10 min

❹ Pusuk-Pass

65 km   50 min

❺ Moschee

4 km   5 min

hinter einer Linkskurve scharf rechts die Einfahrt des ➏ **Rinjani Mountain Garden** ➤ S. 111 kommt. Die deutsche Besitzerin hat hier ein idyllisches, naturnahes Refugium mit üppigem Garten und allerlei tierischen Bewohnern geschaffen. Je nachdem, was du zum Mittagessen bestellt hast, darfst du dich nun auf indonesische oder deutsche Spezialitäten freuen – die fabelhafte Aussicht gibt's gratis dazu.

WASSERFALL UND AUSBLICKE
Nachdem du dich im Pool abgekühlt und etwas ausgeruht hast, geht es *zurück nach Bayan und von dort ins Bergdorf* ➐ **Senaru** ➤ S. 108, Ausgangspunkt für Trekkingtouren auf den Vulkan Gunung Rinjani ➤ S. 84. Du gehst aber nicht bergauf, sondern machst dich auf den etwa 20 Minuten dauernden Abstieg zum ➑ **Sendang-Gila-Wasserfall** ➤ S. 110, der aus 50 m Höhe kraftvoll in zwei Stufen ins Tal donnert. Direkt neben dem Zugang liegt das ➒ **Pondok Senaru** ➤ S. 109, wo du auf dem Rückweg noch einen Kaffee mit Wasserfallblick trinken kannst. Für die Rückfahrt nach ➊ **Senggigi** bittest du den Fahrer, *auf der Küstenstraße zu bleiben:* Wenn die Sonne tief steht, ist die Steilküste ein romantischer Ort mit Wahnsinnsblick auf die Gilis ➤ S. 112 und den Gunung Agung ➤ S. 85.

INSIDER-TIPP
Sonnenuntergang für Romantiker

➏ **Rinjani Mountain Garden**

11 km 10 min

➐ **Senaru**

1,5 km 20 min

➑ **Sendang-Gila-Wasserfall**

1,5 km 20 min

➒ **Pondok Senaru**

83 km 2 h

➊ **Senggigi**

ANKOMMEN

ANREISE

Der internationale Flughafen Ngurah Rai (DPS) südlich von Kuta wird von vielen Fluggesellschaften angeflogen, meist mit Zwischenstopp in Singapur, Jakarta oder Kuala Lumpur. Von diesen Städten gibt es auch Flüge nach Lombok (LOP): *Silk Air (silkair.com)* startet in Singapur, *Air Asia (airasia. com)* in Kuala Lumpur und *Garuda Indonesia (garuda-indonesia.com)* sowie *Citilink (citilink.co.id)* und *Lion Air* *(lionair.co.id)* in Jakarta. Die Reisezeit beträgt 14–20 Stunden, je nach Route und Umstiegszeit.

Die teuren Festpreise der Flughafentaxis (ab 150 000 Rp.) kannst du umgehen, wenn du beim Drop-off im ersten Stock vor der Departure-Halle ein *Blue-Bird-Taxi* mit Taxameter erwischt, das gerade jemanden absetzt, oder mit einem der Privatfahrer verhandelst. Günstig ist es über die App Grab, deren Fahrer dich auf dem Parkplatz erwarten (s. S. 134). Wenn's schnell gehen muss:

INSIDER-TIPP
Direkter Weg

Die *Bali Mandara Toll Road (Guthabenkarte im Indomaret erhältlich)* führt von Nusa Dua über den Golf von Benoa; ideal um zwischen Airport, Sanur oder Ostbali etwas Zeit zu sparen.

Auf Lombok kommst du mit dem Taxi vom Flughafen nach Kuta (ab 150 000 Rp.), der Damri-Bus bringt dich für 40 000 Rp. nach Senggigi.

⊙ **Stecker Typ F**

Gleicher Steckertyp wie in Deutschland und Österreich; ein Adapter ist nur für Schweizer Stecker vom Typ J nötig.

Straße in Kuta, dem wichtigsten Touristenzentrum Balis

+ 6 / + 7 Stunden Zeitverschiebung

Während der mitteleuropäischen Sommerzeit ist es auf Bali und Lombok sechs Stunden später als bei uns, während der Winterzeit sieben Stunden.

EINREISEBESTIMMUNGEN

Für einen Aufenthalt bis zu 30 Tagen erhalten Deutsche, Österreicher und Schweizer an der Passkontrolle einen Stempel in den Pass, der bei Einreise mindestens noch sechs Monate gültig sein muss. Für 35 US-$ kannst du bei der Einreise alternativ auch ein Visa on Arrival erstehen, das einmal um 30 Tage verlängert werden kann. Du darfst 1 l Spirituosen sowie 200 Zigaretten oder 250 g Tabak nach Indonesien einführen. Auf Drogenschmuggel steht die Todesstrafe.

KLIMA & REISEZEIT

Die beste Reisezeit ist in der Trockenzeit von März/April bis Oktober/November. In der Regenzeit regnet es zwar selten durchgehend, aber die heftigen Tropenschauer führen machmal zu Überschwemmungen und schränken die Aktivitäten ein. Die Temperatur bewegt sich ganzjährig um 30 Grad, wobei es in den Bergen deutlich kühler sein kann. Im vergangenen Jahrzehnt allerdings haben sich die Jahreszeiten mehr und mehr verschoben, sodass es durchaus mal bis Dezember trocken bleiben oder auch im Juni noch regnen kann.

BOTSCHAFT DER REPUBLIK INDONESIEN

*– Lehrter Str. 16–17 | 10557 Berlin | Tel. 030 47 80 22 00 | kemlu.go.id/berlin
– Zeppelinallee 23 | 60325 Frankfurt/M. | Tel. 069 2 47 09 80 | indonesia-frankfurt.de*

– Gustav-Tschermak-Gasse 5–7 | 1180 Wien | Tel. 01 47 62 30 | kemlu.go.id/vienna
– Elfenauweg 51 | 3006 Bern | Tel. 031 3 52 09 83 | kemlu.go.id/bern

WEITER-KOMMEN

ÖFFENTLICHE VERKEHRSMITTEL

In Touristenorten werden an jeder Straßenecke Fahrdienste angeboten; der Fahrpreis ist auf Listen ausgeschrieben, aber manchmal verhandelbar. Auch Hotels vermitteln Transportmöglichkeiten, jedoch oft mit Aufschlag. Günstiger sind Shuttlebusse, z. B. *Kura-Kura Bus (kura2bus.com)* oder *Perama Tours (peramatour.com),* die nach festen Fahrplänen verkehren. In größeren Orten kann man – auch per App – Taxis bestellen *(Blue Bird Bali | Tel. 0361 70 11 11; Blue Bird Lombok | Tel. 0370 62 70 00).* Beliebt sind auch Motorradtaxis von *Go-Jek (go-jek.com),* die nur per App geordert werden. Das PKW-Pendant hierzu ist ⬥ *Grab,* das in einer legalen Grauzone agiert: Viele der in Kooperativen organisierten, alteingesessenen Fahrer sehen diese digital vermittelten Privatfahrer als Nestbeschmutzer und dulden an manchen Orten keine, weshalb es manchmal zur Stornierung seitens der Fahrer kommt, die keinen Ärger wollen.

Auf den Gilis gibt es einspännige Pferdewagen *(cidomo* oder *dokar),*

die sich für kürzere Strecken eignen. Die Preise sind festgelegt.

AUTO

Fast überall auf Bali und Lombok kannst du Autos (ab 25 Euro/Tag) leihen, dazu reicht die Vorlage eines internationalen Führerscheins. Der nationale Führerschein muss mitgeführt werden, da der internationale sonst ungültig ist. Obwohl man in Indonesien ab 17 Jahren Auto fahren darf, verleihen manche Anbieter ihre Fahrzeuge erst ab einem Mindestalter von 21 Jahren. Ein Auto mit ortskundigem Chauffeur (50 Euro/Tag) macht die Fahrt erholsamer.

In Indonesien gilt Linksverkehr, die Straßen sind schmal, kurvig und nicht immer gut asphaltiert, vor allem in der Regenzeit auch mal unterspült und von Erosion geschädigt. Fahr defensiv und verlass dich nicht nicht auf die Einhaltung der Verkehrsregeln durch andere. Vorfahrt hat, wer sie sich nimmt. Wer hupt, will überholen. Der Einsatz der Lichthupe heißt „Ich fahre zuerst", Winken mit Fingerspitzen nach unten und Handrücken nach vorn bedeutet „Komm her!". Leg dich nie mit LKW und Bussen an. Beim Ein- und Ausparken helfen Parkplatzwächter, die dafür 2000–5000 Rp. erhalten.

MOTORROLLER & MOTORRAD

Einen Motorroller kannst du ab ca. 5 Euro/Tag gegen Vorlage eines internationalen Führerscheins mieten. Achtung: Auch hier gilt die Helmpflicht! Zudem bist du mit einem deutschen PKW-Führerschein der Klasse B auf Maschinen von mehr als

FESTE & EVENTS
RUND UMS JAHR

Galungan (2020: 19.2/16.9.; 2021: 14.4./10.11.; 2022: 9.6.) und **Kuningan** *(2020: 29.2./26.9.; 2021: 24.4./20.11.; 2022: 19.6.)* markieren Anfang und Ende der wichtigsten balinesischen Festtage. Am Neujahrsfest **Nyepi** wird gefastet und meditiert, keiner verlässt das Haus, auch der Flugverkehr steht still. **Odalan** (Foto) ist der Jahrestag eines Tempels. Tagsüber werden Opfergaben dargebracht, nachts gibt es Vorführungen.

Nach dem islamischen Mondkalender endet der Ramadan mit **Idul Fitri (Lebaran),** dem wichtigsten muslimischen Fest *(2020: 24.5.; 2021: 13.5.; 2022: 3.5.).* In den Lebaran-Ferien sind Flüge und Hotels oft ausgebucht.

FEBRUAR/MÄRZ
Bau Nyale in Kuta Lombok (s. S. 99)

MÄRZ/APRIL
Beim **Bali Spirit Festival** (s. S. 35) treffen sich in Ubud Yoga- und Meditationsfans.

APRIL/MAI
Indonesiens beste Köche kochen beim **Ubud Food Festival** *(ubudfood festival.com).*

JUNI/JULI
Beim **Bali Art Festival** (s. S. 61) zeigen die besten Künstler und Tänzer Balis in Denpasar einen Monat lang ihr Können, vor allem im Kulturzentrum Taman Wedhi Budaya *(Jl. Nusa Indah).* **Bali Kite Festival** in Sanur (s. S. 54)

AUGUST
Während in Sanur das **Sanur Village Festival** (s. S. 54) Besucher anzieht, finden in Mataram und Narmada derweil die **Peresean**-Kämpfe statt, bei denen zwei Kontrahenten mit Rattanstock und Bambusschild gegeneinander kämpfen.

OKTOBER
Das **Ubud Writers & Readers Festival** *(ubudwritersfestival.com)* ist ein großartiges Literaturfestival.

125 ccm nicht unfall- oder haftpflichtversichert, denn hierfür benötigst du einen Motorradführerschein der deutschen Klasse A oder der A1 (D). Leider haben alle in Indonesien üblichen Roller bereits 110–150 ccm und Motoren von 10 bis 20 PS. Die meisten Vermieter geben dir ohne Prüfung deiner Lizenz einen Roller oder ein Motorrad, aber bedenke das Risiko, wenn etwas passiert! Täglich ereignen sich Unfälle mit ungeübten Rollerfahrern, die ihre Fahrkünste auf den engen Straßen überschätzen und oft nicht ausreichend schützende Kleidung tragen.

ZWISCHEN DEN INSELN

Von Bali aus dauert der Flug nach Lombok eine Dreiviertelstunde: *Garuda Indonesia (garuda-indonesia.com)*, *Lion Air* und *Wings Air* (beide unter: *lionair.co.id*) fliegen mehrmals täglich ab 15 Euro. Die Busfahrt vom Busterminal in Mengwi (Bali) nach Mataram (Lombok) dauert rund sieben Stunden und kostet ab 225 000 Rp.

GRÜN & FAIR REISEN

Du willst beim Reisen deine CO_2-Bilanz im Hinterkopf behalten? Dann kannst du deine Emissionen kompensieren *(atmosfair. de; myclimate.org)*, deine Route umweltgerecht planen *(routerank. com)* oder auf Natur und Kultur *(gate-tourismus.de)* achten. Mehr über ökologischen Tourismus erfährst du hier: *oete.de* (europaweit); *germanwatch.org* (weltweit).

Zwischen den Inseln pendeln Fährschiffe. Die viereinhalb Stunden dauernde Überfahrt von Padang Bai auf Bali nach Lembar auf Lombok kostet 3–4 Euro. Ab 30 Euro fährst du mit einem Schnellboot von Sanur, Padang Bai, Nusa Lembongan oder Amed auf die Gilis sowie nach Senggigi *(gili-fastboat.com* oder *gilitickets.com).*

VOR ORT

AUSKUNFT

Bali Tourism Board
Jl. Raya Puputan 41 | Renon | Denpasar | Bali 80235 | Tel. 0361 23 56 00 | balitourismboard.org

FEIERTAGE

1. Jan.	christl. Neujahr
Jan./Feb.	*Imlek* (chin. Neujahr)
März/April	*Nyepi* (balin. Neujahr), Karfreitag,
	Isra M'raj (Himmelfahrt Mohammeds)
1. Mai	Tag der Arbeit
1. Juni	*Pancasila*-Tag
Mai/Juni	*Idul Fitri* (Ende des Ramadans),
	Christi Himmelfahrt,
	Waisak (buddh. Neujahr)
Aug./Sept.	*Idul Adha* (islam. Opferfest),
	islam. Neujahr
17. Aug.	Unabhängigkeitstag
Nov./Dez.	*Maulid Nabi*
	(Geburtstag Mohammeds)
25. Dez.	Weihnachten
Wechselnde Monate	*Galungan/Kuningan*
	(Tempelfest, Termine s. S. 135)

GELD

Die indonesische Rupiah (Rp. oder IDR) gibt's als Münzen zu 100, 200,

500 und 1000 Rp. sowie Scheine zu 1000, 2000, 5000, 10 000, 20 000, 50 000 und 100 000 Rp. Wegen der großen Wertschwankungen geben viele Hotels und Veranstalter ihre Preise in US-$ oder Euro an, die Bezahlung erfolgt aber in Rupiah.

Banken öffnen Mo–Fr 8–15 Uhr. Moneychanger haben von 8 bis 20 Uhr geöffnet, bieten aber oft schlechtere Kurse als Banken. Vergleich immer die offiziellen Raten, z. B. über eine Währungsrechner-App! Fast überall gibt es Geldautomaten (ATM), an denen du mit Kreditkarte und PIN Geld abheben kannst. Achtung: Eine kriminelle Masche ist Skimming, bei dem ein ATM so manipuliert wird, dass die Kreditkartendaten ausgelesen werden. Also regelmäßig die Abbuchungen checken, nicht erst nach der Rückkehr! Einige Direktbanken (z. B. die DKB) bieten Apps mit Kontrollfunktion für die Kreditkarte. So kann sie nach Belieben ge- und entsperrt werden.

ÖFFNUNGSZEITEN

In Indonesien gibt es keine festen Öffnungszeiten. Während Märkte und Lebensmittelläden schon ab Sonnenaufgang öffnen, bleiben einige Boutiquen bis gegen Mittag geschlossen, haben aber dafür bis in den späten Abend auf, auch an Sonn- und Feiertagen. Nur an *Nyepi* ist auf Bali alles zu, an *Galungan* und *Kuningan* haben viele Läden und Restaurants geschlossen. Auf Lombok gilt dies für *Idul Fitri*.

POST

Jeder größere Ort hat ein Postamt *(kantor pos | Mo–Do 7.30–15, Fr 7.30–* *11.30, Sa 7.30–13 Uhr).* Luftpost *(pos udara)* ist ein bis zwei Wochen nach Europa unterwegs. Eine Postkarte kostet 10 000 Rp., ein Standardbrief 20 000 Rp.

WAS KOSTET WIE VIEL?

Kaffee	1,40 Euro
	für eine Tasse
Nasi Goreng	2,50 Euro
	für eine Portion
Liegestuhl	7 Euro
	für einen Tag
Taxifahrt	1,50 Euro
	für ca. 2 km
Mietwagen	25 Euro
	für einen Tag
Massage	6–10 Euro
	für eine Stunde

TELEFON & HANDY

Die Vorwahl für Telefonate vom Festnetz nach Deutschland ist 00149, nach Österreich 00143 und in die Schweiz 00141 bzw. vom Mobiltelefon +49, +43 und +41. Die Vorwahl von Europa nach Indonesien ist 0062. Das Roaming ist teuer. Billig mobil telefonieren und surfen kannst du mit einer indonesischen Prepaidkarte (ab 3 Euro), die du mit Guthaben *(pulsa)* aufladen kannst. Gute Netzabdeckung und eine englischsprachige App zum Buchen von Daten-/Minutenpaketen hat Telkomsel/Simpati.

TRINKGELD

Im Restaurant sind zehn Prozent Trinkgeld angemessen, wenn keine Servicepauschale verlangt wird – dann einfach das Kleingeld liegen lassen. Dein Fahrer freut sich nach einer Tagestour über 50 000 Rp. extra, einem Guide solltest du je nach Zufriedenheit 20 000–30 000 Rp. geben.

WLAN

Die meisten Hotels und Restaurants auf Bali, Lombok und den Gilis bieten einen gebührenfreien WLAN-Zugang, selbst in abgelegenen Orten ist die Verbindung relativ gut.

NOTFÄLLE

NOTRUF

Ambulanz: *Tel. 118*
Feuerwehr: *Tel. 113*
Polizei: *Tel. 110*, Kuta (Bali): *Tel. 0361 75 15 98,* Mataram (Lombok): *Tel. 0370 62 11 24*

DEUTSCHES HONORAR-KONSULAT

Mo–Fr 8.30–12.30 Uhr | Jl. Pantai Karang 17 | Batujimbar | Sanur | Tel. 0361 28 85 35 | bali-ntb.com

SCHWEIZER HONORAR-KONSULAT

Jalan Ganetri 9D | Gatot Subroto Timur | Denpasar | Tel. 0361 26 41 49 | bali@honrep.ch
Das eidgenössische Konsulat ist auch für Österreicher zuständig.

GESUNDHEIT

Impfungen gegen Diphtherie, Hepatitis A, Polio, Tetanus und Typhus werden empfohlen. Ein Mittel gegen Malaria dabeizuhaben ist höchstens in Lombok erforderlich – lass dich vor der Abreise ärztlich beraten. Außerdem solltest du unbedingt eine Auslandskrankenversicherung mit Rücktransport abschließen. Meide Leitungswasser, und iss Eis und Obst nur in besseren Restaurants.
Empfehlenswerte Kliniken auf Bali sind *BIMC Hospital Bali (Jl. Bypass Ngurah Rai 100x | Kuta | Tel. 0361 76 12 63 | bimcbali.com)* und *Siloam Hospital (Sunset Road 818 | Kuta | Tel. 0361 77 99 00 | siloamhospitals.com),* auf Lombok ist es das *Rumah Sakit Harapan Keluarga (Jl. Ahmad Yani 9 | Mataram | Tel. 0370 6 17 70 00 | harapankeluarga.co.id).* Bei schweren Erkrankungen ist es besser, nach Singapur zu fliegen. Medikamente erhältst du in Apotheken *(apotik)* oder Drogerien *(toko obat).* Medizinischen Rücktransport organisiert *International SOS Assistance (Tel. 0361 71 05 05 | internationalsos.com).*

WICHTIGE HINWEISE

FOTOGRAFIEREN

Indonesier sind in der Regel nicht kamerascheu, dennoch sollte man immer fragen, bevor man sie filmt oder fotografiert. Zurückhaltung ist vor allem in Tempeln und Moscheen geboten, richte die Kamera nie auf das Gesicht eines Priesters. An manchen Sehenswürdigkeiten wird für Kameras eine Extragebühr erhoben.

KLEIDUNG

Knappe Kleidung wird in Badeorten toleriert, ist aber sonst verpönt. Das gilt vor allem bei offiziellen Anlässen und Behördenbesuchen. Im Tempel müssen Knie und Schultern bedeckt sein, Wickelröcke und Schärpen leihst du dir gegen eine Gebühr am Eingang. Dünne Baumwollkleidung mit langen Ärmeln und Beinen ist zudem der beste Schutz gegen Sonnenbrand und Mückenstiche. Nacktbaden oder „oben ohne" sind ohnehin verboten.

SICHERHEIT

Du kannst dich ohne Bedenken überall bewegen, auch nachts. Allein reisende Frauen sollten jedoch auf verbale Anmache gefasst sein. Kleinkriminalität gibt es vor allem in Touristenorten, meist durch Motorradfahrer, die im Vorbeifahren Taschen wegreißen. Trag deshalb nur das Wichtigste bei dir und möglichst nah am Körper (etwa in einem Geldgürtel). Das gilt vor allem für deinen Pass, von dem du vorher eine Kopie oder zumindest ein Handyfoto machen solltest, und die Kreditkarten. Lass keine Wertsachen unbeaufsichtigt im Zimmer, am Strand oder im Auto liegen!

ZOLL

Für über 50 Jahre alte Antiquitäten benötigst du eine Exportgenehmigung. Die Ausfuhr von geschützten Tieren oder Pflanzen (dazu zählen auch Korallen) ist verboten, ebenso deren Einfuhr in Europa. Zollfrei darfst du in die EU pro Person 200 Zigaretten und Waren bis zu einem Gesamtwert von 430 Euro einführen (zoll.de).

WETTER IN DENPASAR

Hauptsaison
Nebensaison

	JAN.	FEB.	MÄRZ	APRIL	MAI	JUNI	JULI	AUG.	SEPT.	OKT.	NOV.	DEZ.
Tagestemperaturen	30°	30°	30°	31°	31°	30°	30°	31°	31°	32°	32°	30°
Nachttemperaturen	22°	23°	23°	23°	23°	23°	22°	22°	22°	23°	23°	23°
Sonnenschein Stunden/Tag	8	10	10	10	9	9	9	10	11	10	10	10
Niederschlag Tage/Monat	12	10	7	4	3	3	3	3	2	3	5	10
Wassertemperatur in °C	28°	28°	28°	29°	28°	28°	27°	27°	27°	27°	28°	29°

☀ Sonnenschein Stunden/Tag   🐦 Niederschlag Tage/Monat   ≈ Wassertemperatur in °C

SPICKZETTEL
INDONESISCH

SMALLTALK

ja/nein/vielleicht	**ya/tidak/mungkin**
Danke!	**Terima kasih!**
Bitte!	**Tolong! (um Hilfe bittend)**
	Silakan! (Angebot/Einladung)
	Sama-sama! (keine Ursache)
Hallo!/Auf Wiedersehen!/Tschüss!	**Halo!/Sampai jumpa!/Dada!**
Gute(n) Morgen/Tag/Abend/Nacht!	**Selamat pagi (bis 11 Uhr)/siang (11–15 Uhr)/sore (15–18 Uhr)/malam (ab 18 Uhr)!**
Entschuldige/Entschuldigen Sie!	**Maaf!**
Darf ich …?	**Boleh …?**
Wie bitte?	**Bagaimana?**
Ich heiße …	**Nama saya …**
Wie heißen Sie?/Wie heißt du?	**Siapa nama Anda?/Siapa nama kamu?**
Ich komme aus …	**Saya dari …**

ZEIGEBILDER

ESSEN & TRINKEN

Reservieren Sie uns bitte für heute Abend einen Tisch für vier Personen.	**Tolong reservasi satu meja untuk empat orang nanti malam.**
Die Speisekarte, bitte.	**Minta menu.**
Könnte ich bitte … haben?	**Apa saya tolong bisa mendapat …?**
Flasche/Glas	**botol/gelas**
Messer/Gabel/Löffel	**pisau/garpu/sendok**
(kein) Trinkwasser	**(bukan) air minum**
mit/ohne Eis/Kohlensäure	**pakai/tanpa es/gas**
Vegetarier(in)/Allergie	**vegetaris/alergi**
Ich möchte zahlen, bitte.	**Saya mau bayar.**
Rechnung/Quittung/Trinkgeld	**bon/kwitansi/tip, uang rokok**
bar/ec-Karte/Kreditkarte	**tunai/kartu ATM/kartu kredit**

NÜTZLICHES

Wo ist …?/Wo sind …?	**Di mana …?**
Ich möchte …/Haben Sie …?	**Saya mau …/Apa ada …?**
Darf ich Sie/hier fotografieren?	**Apa saya boleh memotret Anda/di sini?**
Wie viel kostet …?	**Berapa harga …?**
Wie viel Uhr ist es?	**Jam berapa?**
heute/morgen/gestern	**hari ini/besok/kemarin**
Das gefällt mir (nicht).	**Saya (tidak) suka.**
gut/schlecht	**baik/jelek**
offen/geschlossen	**buka/tutup**
Ich möchte … mieten.	**Saya mau … sewa.**
ein Auto/ein Fahrrad/ein Boot	**mobil/sepeda/kapal**
Apotheke/Drogerie	**apotik/toko obat**
Internetanschluss/WLAN	**akses internet/WiFi**
kaputt/funktioniert nicht	**rusak/tidak jalan**
Panne/Werkstatt	**kendaraan rusak/bengkel**
Hilfe!/Achtung!/Vorsicht!	**Tolong!/Awas!/Hati-hati!**
0/1/2/3/4/5/6/7/8/9/10/100/1000	**nol (kosong)/satu/dua/tiga/ empat/lima/enam/tujuh/delapan/ sembilan/sepuluh/seratus/seribu**

Zur Erleichterung der Aussprache: Im Allgemeinen wird die vorletzte Silbe betont. Die Vokale werden gleich lang ausgesprochen. Doppelvokale ai, au, oi im Wortinneren werden getrennt, am Wortende wie im Deutschen ausgesprochen.

URLAUBS FEELING

ZUM EINSTIMMEN & AUSKLINGEN

LESESTOFF & FILMFUTTER

DER MANN, DER ZWEIMAL STARB

Shamini Flints spannender Krimi mit Inspektor Singh aus Singapur, der auf Bali einer terroristischen Verschwörung auf die Schliche kommt. 2010

BALI. DAS LETZTE PARADIES

In Nigel Barleys semi-biografischem Roman kristallisiert die Bali-Faszination des Westens in der Geschichte über den deutschen Maler Walter Spies aus Sicht seines Kollegen Rudolf Bonnet. Beide lebten in den 1930ern in der Gegend des heutigen Ubud. 2015

EAT, PRAY, LOVE

Kaum ein Film hat den Tourismus auf Bali so beflügelt wie die Verfilmung des gleichnamigen Romans von Elizabeth Gilbert. Dabei findet die Protagonistin ihre spirituelle Erfahrung im reisfeldromantischen Setting erst im letzten Drittel der Geschichte. 2010

THE FALL

Der mit exotischer Bildsprache komponierte Film von Tarsem Singh weckt das Fernweh und wurde u. a. am Gunung Kawi und vor den Reisterrassen von Tegallalang gedreht. Eine Szene zeigt auch den *Kecak*-Tanz. 2006

PLAYLIST QUERBEET

0:58

⏸ **JOE MELLOW MOOD – LOMBOK HOLIDAY**
Schwer ohrwurmtaugliche Reggae-feel-good-Nummer

▶ **GAMELAN DEGUNG – SABILULUNGAN**
Die betörende Gamelanmusik dient als Untermalung von Tänzen oder Schattenspiel. Wegen der ungewohnten Tonalität ist sie für viele westliche Ohren anfangs jedoch gewöhnungsbedürftig

▶ **AMTENAR – LOMBOK I LOVE YOU**
Der Titel des Songs von der Compilation *Indonesia Reggae Sounds* sagt wohl alles

▶ **MICHAEL STEARNS – KECAK**
Stearns fing das Stimmengewirr der *Kecak*-Tänzer ein – befremdlich und faszinierend zugleich

▶ **SANDHY SONDORO – DAMAILAH INDONESIAKU**
Der beliebte indonesische Popstar nahm diese Ode an sein Land auf

Den Soundtrack zum Urlaub gibt's auf **Spotify** *unter* **MARCO POLO Bali**

Oder Code mit Spotify-App scannen

AB INS NETZ

THEBALIBIBLE.COM
Reisefeatures und jede Menge Best-of-Lists von Einheimischen, Touristen und Bali-Kennern

JED.OR.ID
Das Netzwerk für ökologischen Dorftourismus bietet die Möglichkeit, Urlaub bei Familien in traditionellen Dörfern auf Bali zu machen

INDOJUNKIE.COM
Informativer deutscher Blog mit vielen Tipps zu Bali, Lombok und den Rest des Lands

JANETDENEEFE.COM
Restaurantbesitzerin Janet de Neefe hat nicht nur das Ubud Writers and Readers Festival gegründet, sondern schreibt auch Kochbücher und Kolumnen über die balinesische Küche, die viel über das kulturelle Leben auf der Insel verraten

LOMBOK GUIDE
Gratis-App mit Offline-Karten, Infos zu Transport, Unterkunft, Sehenswertem

ZOMATO.COM/BALI
Restaurant- und Barguide für Bali

TRAVEL PURSUIT

DAS MARCO POLO URLAUBSQUIZ

Weißt du, wie Bali und Lombok ticken? Teste hier dein Wissen über die kleinen Geheimnisse und Eigenheiten von Land und Leuten. Die Lösungen findest du in der Fußzeile. Und ganz ausführlich auf den S. 18–23.

❶ Welcher Rechtskanon regelt traditionell das Zusammenleben in den Dörfern?
a) Das Bürgerliche Gesetzbuch
b) Rechtskanon? Die fahren doch links!
c) Das Gewohnheitsrecht *adat*

❷ Wie heißt der wichtigste Tempel auf Bali?
a) Mir egal, my body is my temple
b) Pura Desa
c) Pura Besakih

❸ Welches Instrument zeichnet das Gamelan-Orchester aus?
a) Bong
b) Gong
c) Hmong

❹ Wie viele Ernten sind auf Balis Reisfeldern pro Jahr maximal möglich?
a) So viele, wie das Feld hergibt
b) So viele, wie das Jahr Monate hat
c) Drei

❺ Wonach riechen indonesische Kretek-Zigaretten?
a) Zimt
b) Nelken
c) Anis

❻ Auf Bali leben mehrheitlich Hindus. Welche Religion herrscht auf Lombok vor?
a) Hindu-Dharma-Glaube
b) Wetu-Telu-Glaube
c) Islam

Lösungen: 1c, 2c, 3b, 4c, 5b, 6c, 7c, 8a, 9b, 10c, 11b, 12a

Auch Trommler und Metallophonspieler gehören zu einem Gamelanorchester

❼ Die unter Körben aufbewahrten Hähne sollen
a) dich in aller Herrgottsfrühe aus dem Schlaf krähen.
b) balinesischem Frikassee den besonderen Pfiff geben.
c) beim Hahnenkampf siegen und hohe Wettgewinne einfahren.

❽ Den Tourismus in Ubud so richtig angekurbelt hat Elizabeth Gilberts Buch:
a) Eat, Pray, Love
b) Eat, Pay, Leave
c) MARCO POLO Bali/Lombok

❾ Welche renommierte Schule besteht größtenteils aus Bambus und erneuerbaren Rohstoffen?
a) School of Hard Knocks
b) Green School
c) Blue School

❿ Das wie vielte Kind einer balinesischen Bauernfamilie heißt stets Nyoman oder Komang?
a) Das erste
b) Das zweite
c) Das dritte

⓫ Welche aus Indien stammenden epischen Erzählungen sind Gegenstand vieler Tanztheaterstücke?
a) Dschungelbuch und Slumdog Millionaire
b) Ramayana und Mahabharata
c) Dangal und Sholay

⓬ Welcher deutsche Maler prägte in den 1930er-Jahren den *Kecak*-Tanz?
a) Walter Spies
b) Walter Mies
c) Walter Moers

REGISTER

LOB ODER KRITIK? WIR FREUEN UNS AUF DEINE NACHRICHT!

Trotz gründlicher Recherche schleichen sich manchmal Fehler ein. Wir hoffen, du hast Verständnis, dass der Verlag dafür keine Haftung übernehmen kann.

MARCO POLO Redaktion • MAIRDUMONT • Postfach 31 51 73751 Ostfildern • info@marcopolo.de

Impressum
Titelbild: Bali, Reisfeld (huber-images: T. & B. Morandi)
Fotos: huber-images: M. Brook (12/13), A. Pavan (69), R. Schmid (53), K. Trubavin (59, 66, 70, 94/95); M. Jacobi (147); Laif: F. Heuer (9); Laif/hemis: C. Moirenc (60); Laif/hemis.fr (105, 109); Laif/Hemispheres (6/7); Laif/Polaris: P. Oliosi (Klappe hinten); mauritius images: A. Göppel (62/63), A. Ridder (50); mauritius images/ Alamy: R. B. Ari (120/121), Domonabikebali (132/133); mauritius images/ Axiom Photographic: L. Martinez (117); mauritius images/age: R. Dirschel (85); mauritius images/age fotostock: M. & G. Therin-Weise (11); mauritius images/Alamy (32/33, 78, 80/81), S. Barclay (38/39), C. O. Cecil (89), T. Cockrem (101), C. Deeney (118), D. Herlan (57), C. Hopkins (103), E. Hulme (86), Ivoha (98), G. Kovács (23), D. Moskvinov (10), I. Nesterov (47), G. Sioen (24/25), I. Vdovin (8); mauritius images/Alamy/Captured Soul (72); mauritius images/Alamy/dbimages (35, 106); mauritius images/ Alamy/Robertharding (110); mauritius images/Alamy/travelstock44 (49); mauritius images/Hemis.fr: F. Guiziou (112/113); mauritius images/Imagebroker: M. Moxter (19), K. Petersen (75), M. Wolf (126); mauritius images/ John Warburton-Lee: N. van Gijn (54); mauritius images/Masterfile RM: R. I. Lloyd (20); mauritius images/photo-nonstop: T. Bog (135); mauritius images/Photononstop: J. Garcia (2/3); mauritius images/Westend61: K. Trubavin (90, Schapowalow /4Corners: K. Trubavin (93); Schapowalow: G. Cozzi (76), J. Wlodarczyk (Klappe vorne außen, Klappe vorne innen, 1); Schapowalow/SIME: T. & B. Morandi (142/143), L. Vaccarella (14/15); O. Stadler (26/27, 27, 28, 30/31, 144/145); M. Thomas (44); White Star: Reichelt (31)

11. Auflage 2020, komplett überarbeitet und neu gestaltet
© MAIRDUMONT GmbH & Co. KG, Ostfildern
Autoren: Moritz Jacobi, Christina Schott; Redaktion: Ulrike Frühwald; Bildredaktion: Gabriele Forst
Kartografie: © MAIRDUMONT, Ostfildern (S. 36–37, 123, 124–125, 128, 130–131, Umschlag außen, Faltkarte);
© MAIRDUMONT, Ostfildern, unter Verwendung von Kartendaten von OpenStreetMap, Lizenz CC-BY-SA 2.0
(S. 40–41, 43, 64–65, 82–83, 96–97, 114–115).
Als touristischer Verlag stellen wir bei den Karten nur den De-facto-Stand dar. Dieser kann von der völkerrecht-lichen Lage abweichen und ist völlig wertungsfrei.
Gestaltung Cover, Umschlag und Faltkartencover: bilekjaeger_Kreativagentur mit Zukunftswerkstatt, Stuttgart
Gestaltung Innenlayout: Langenstein Communication GmbH, Ludwigsburg
Spickzettel: in Zusammenarbeit mit PONS GmbH, Stuttgart
Texte hintere Umschlagklappe: Lucia Rojas
Konzept Coverlines: Jutta Metzler, bessere-texte.de
Printed in China

MIX
Paper from responsible sources
FSC
www.fsc.org **FSC® C124385**

MARCO POLO AUTOR
MORITZ JACOBI

Als er das erste Mal durch Indonesien reiste, waren der chaotischen Verkehr, die notorische Unpünktlichkeit und der diskrete, indirekte Umgangston der Indonesier für den Reiseführerautor noch eine kleine Herausforderung. Heute schätzt er die entspannte Lebenseinstellung, die zeitvergessene Spontanität und die leisen Zwischentöne, die gerade auf Bali und Lombok erlebbar sind und für überraschende Momente und Begegnungen sorgen.

BLOSS NICHT!

FETTNÄPFCHEN UND REINFÄLLE VERMEIDEN

HEILIGE ORTE NICHT RESPEKTIEREN

Zeremonien zu stören, zwischen Betenden herumzulaufen oder gar auf Statuen für ein Foto zu posieren sind absolute No-Gos. Und nicht vergessen: Ein Wickeltuch *(sarong)* beim Tempelbesuch ist Pflicht.

GEIZIG SEIN

Erst recht in Sachen Alkohol. Denn billigen Cocktails und Spirituosen wird manchmal Palm- oder Reisschnaps beigemischt, der unprofessionell hergestellt oder mit giftigen Zusätzen gepanscht ist.

AUF KORALLENBÄNKE TRETEN

Wer beim Schnorcheln auf Korallenbänken herumtrampelt, zerstört nicht nur deren empfindliches Ökosystem, sondern läuft auch Gefahr, sich die Füße an den Gewächsen aufzuschneiden. Außerdem gibt es giftige Korallenbewohner, die man nicht berühren sollte. Auch beim Tauchen gilt: Can't touch this!

FÜSSE HOCHLEGEN

Füße gelten als unrein und sollten in der Öffentlichkeit nicht hochgelegt werden. Wenn doch, darauf achten, dass die Sohlen nicht jemandem zugewandt sind. Das gilt natürlich nicht, wenn du am Strand liegst.

DIE GEDULD VERLIEREN

Wer beim Warten oder Verhandeln die Geduld verliert und wütend herumschreit, erreicht gar nichts. Mit einem freundlichen Lächeln kommt man in der Regel sehr viel weiter. Und auf Bestechungen solltest du besser verzichten.